EXCURSIONS

D'UNE FRANÇAISE

DANS

LA RÉGENCE DE TUNIS

PAR

Mme DE VOISINS

(PIERRE-CŒUR)

PARIS

MAURICE DREYFOUS, ÉDITEUR

RUE DU FAUBOURG MONTMARTRE

1884

EXCURSIONS
D'UNE FRANÇAISE
DANS
LA RÉGENCE DE TUNIS

EXCURSIONS
D'UNE FRANÇAISE

DANS

LA RÉGENCE DE TUNIS

PAR

Mme DE VOISINS

(PIERRE-CŒUR)

PARIS

MAURICE DREYFOUS, ÉDITEUR

RUE DU FAUBOURG MONTMARTRE

1884

A LA MÉMOIRE VÉNÉRÉE

DE MES CHERS ET ILLUSTRES MAITRES

GEORGE SAND, GUSTAVE FLAUBERT, E. DE GIRARDIN

P.-C.

PRÉFACE

Ami lecteur, excuse cette antique formule, elle n'est point présomptueuse puisque tu daignes me lire et que je peux croire à ta sympathie, je n'ai demandé à aucune personnalité illustre de te présenter mon livre, sous forme de préface. Je préfère, la chose est nouvelle, t'en dire moi-même, en peu de mots, le bien que j'en pense : Il est vrai, c'est son plus grand mérite ; peut-être en a-t-il d'autres, tu en jugeras.

J'ai passé les plus belles années de ma jeunesse, et maintenant je retourne souvent, avec un égal enthousiasme et un même amour, dans le pays où j'ai la prétention de t'entraîner, en t'évitant les ennuis et les fatigues du voyage.

Ce que je raconte, je l'ai vu. Je parle la langue arabe comme un sectateur de Mohamed. J'ai vécu parmi les indigènes; si je connais mal leurs mœurs, c'est qu'ils prennent un soin jaloux de les dissimuler aux « chiens d'infidèles » tels que toi et moi.

Quant à la conclusion, et après vingt-six années écoulées en Afrique, je n'en vois pas d'autre que celle contenue dans la Correspondance d'Alger que j'adressais au journal « *La France* », lorsqu'il était dirigé par M. Émile de Girardin : « Quiconque se fie à un Arabe risque sa tête. »

Sur ce, ami lecteur, je te salue à l'orientale : Que ta matinée soit animée par la joyeuse espérance, qu'à l'heure de midi tu te reposes, — s'il fait chaud, à l'ombre des arbres verts, auprès d'une eau limpide ; s'il fait froid, au coin d'un feu clair et flambant, — satisfait des résultats obtenus, en songeant à ceux que tu dois obtenir encore, et que, le soir, dans la quiétude du cœur et de l'esprit, jetant un regard en arrière, tu trouves ta journée féconde et bien remplie.

EXCURSIONS D'UNE FRANÇAISE DANS LA RÉGENCE DE TUNIS

LA CALLE

I

Le 31 décembre 18.., nous avions quitté Bône, vers midi, par un temps douteux, sur une balancelle voilière pontée, frétée pour nous conduire à La Calle. Nous eussions préféré nous y rendre par la voie de terre, mais un fleuve débordé, la Maffrag, ne nous permettait point de tenter l'aventure, et l'on exigeait du kébir qu'il prît immédiatement possession de son poste. Faire vingt-cinq à trente lieues de navigation sur une balancelle est un de ces supplices qu'il faut avoir subi pour en apprécier l'horreur. L'unique cabine du bord, infestée de cancrelats et autres bestioles, empoisonnée par les exhalaisons nauséabondes des basses œuvres, réceptacle habituel de chargements de peaux fraîches et de marchandises non moins odorantes, n'était point habitable pour les moins délicats. Une des embarcations, arrimée sur le pont, et entourée de toile à voile, afin de nous soustraire à la curiosité des matelots, fut mise à notre disposition. Vers le soir, après un calme relatif, la mer se couvrit de moutons, devint houleuse ; une saute de vent de l'ouest au nord-ouest se produisit tout à coup ; de formidables embruns s'abattirent sur la balancelle, nous mouillant jusqu'aux os, la faisaient osciller et se pencher de bâbord à tribord et *vice versa*, comme si elle allait nous engloutir. La nuit tombait, ajoutant ses tristesses aux ennuis de la situation peu rassurante ; mais se désoler eût été inutile; le plus sage était de prendre stoïquement son parti, on s'y résigna.

Dans des conditions normales, avec la brise en poupe, la traversée de Bône à La Calle s'effectue en huit ou neuf heures ; malheureusement pour nous, la mer se démontait de plus en plus ; on dut carguer la grande voile et ne laisser en largue que le petit foc de l'avant; pour comble de malchance, le vent soufflait décidément en tempête quand nous arrivâmes par le travers de La Calle, vers deux heures du matin. Des vagues déjà fortes battaient le récif, et le patron, la physionomie soucieuse et consternée, vint nous dire, dans son détestable idiome sicilien, que je comprenais trop, qu'il ne jugeait pas prudent de tenter l'entrée du port.

— *La bocca è cattiva, periculosa,* ajoutait-il.

En effet, au centre de l'étroit goulet qui donne accès dans le port, un écueil à fleur d'eau, que l'on a dû faire sauter depuis, présentait un obstacle effrayant, et le malheureux patron, responsable de l'existence de nos précieuses personnes, perdait la tête.

Cependant, à une faible distance, le phare projetait sa lumière rouge sur les brisants de la pointe de la presqu'île. L'écume blanche des flots, leur phosphorescence lumineuse argentaient le rivage, et se montraient à nous dès que la balancelle, après avoir fait, entre deux vagues, un plongeon qui semblait devoir nous engloutir, remontée sur leur crête, paraissait prête à escalader le ciel.

— Que faire? demanda le kébir.

— Virer de bord, mettre le cap sur Bône, ou nous échouer ici tout près, sur la plage de l'île Maudite.

L'île Maudite! ces mots sonnaient comme un glas dans la bouche du patron. Retourner à Bône pour recommencer une semblable traversée...? Tristes perspectives.

— Non, non, m'écriai-je, ni l'un ni l'autre ! Tant pis ! nous risquerons l'entrée; et si nous coulons, vous nous repêcherez si vous le pouvez.

L'énergie de mon objurgation produisit un revirement subit des idées du patron :

— Puisque la signora l'exige, nous allons tirer une bordée, profiter d'une embellie, et à la grâce de Dieu ! dit-il.

Il se signa, prit en main le gouvernail et le dirigea si habilement, qu'après avoir louvoyé un instant, reçu quelques forts paquets de mer, poussée par une lame, portée par l'autre, la balancelle franchissait l'écueil et entrait dans le port.

Le débarquement ne s'effectua point sans difficultés; les vagues envahissaient le quai, sur lequel elles déferlaient à grand tapage, et l'on eut de la peine à accoster. Le kébir s'élança le premier sur la terre ferme, où il avait de l'eau à mi-jambes. Le patron, ôtant son bonnet, me prit dans ses bras comme il eût fait d'un enfant, me transporta jusqu'au delà du quai et dit en me posant sur le sol :

— Je donnerai un cierge à la Madone, elle ne l'aura pas volé !

Nos ennuis ne cessèrent point là pourtant. Un des marins nous guidant nous conduisit à la porte du commissariat civil, encore habité par la famille que nous allions remplacer. Troublée dans son repos, elle nous accueillit assez mal, et ce ne fut qu'après bien des pourparlers, des explications, et comme on ne pouvait décemment nous laisser dehors, — la ville étant, à cette époque, dépourvue d'hôtel, — que l'on consentit à nous recevoir.

Harassée, épuisée, je me laissai tomber sur une chaise, dans une chambre d'une propreté douteuse, où le lit, très sommaire, était, en guise de rideaux, entouré du pavillon tricolore du commissariat civil.

— Que m'importe? dis-je en m'endormant au bout d'un instant, à l'abri des trois couleurs, ce n'est pas gai, mais c'est toujours la France.

II

Sous peine d'y périr d'ennui, il fallait se créer à La Calle une existence appropriée au pays même, nous le comprîmes promptement. L'élément féminin faisant défaut, nos relations furent à peu près exclusivement masculines; et comme notre entourage se composait, en première ligne, de quelques hommes d'élite supportant gaiement le commun exil en s'occupant de l'étude des sciences naturelles, mes distractions devinrent plus sérieuses qu'elles ne le sont dans des conditions ordinaires pour une femme de dix-huit ans. Les environs de La Calle n'avaient jamais été très explorés par les naturalistes, nous avions donc tout sous la main pour la satisfaction de nos goûts. La flore y est variée, et il y avait parmi nous d'excellents botanistes. Les uns étaient géologues, les autres épris du lépidoptère. Un officier du boberack, ancien chebeck de la marine des corsaires de l'odjack et notre stationnaire pendant la pêche du corail, adorait la flore marine, et, bon an mal an, risquait deux ou trois fois de se noyer pour arracher du fond de la mer ses mystérieuses et si ravissantes végétations. Un de nos vieux amis, le docteur Luzuardi, martyr de la cause de l'indépendance italienne, héros obscur qui mourut plus tard ignoré, victime de la liberté dont il avait fait son idole, me donnait des leçons d'entomologie. Nous devenions tous collectionneurs, et, un jour, je pus envoyer à George Sand un spécimen choisi de nos coléoptères. La découverte d'une espèce nouvelle, non classée, nous passionnait; on se racontait ses trouvailles, on se montrait avec orgueil ce que l'on avait, non sans peine, à ses risques et périls, — bravant les maraudeurs khoumirs, les insolations, la fièvre, les bêtes féroces et la fureur des flots, — dérobé à la sauvage nature. La capture d'un bupreste qui ne porte point mon nom à la Société entomologique de France, me causa trois nuits d'insomnie. Je croyais naïvement avoir conquis l'immortalité. Il y avait, parfois, des déceptions égales aux joies : l'une d'elles m'atteignit. Derrière un grand mur qui longeait la plage, se trouvait un espace de quelques lieues, aboutissant d'un côté à la mer, borné de l'autre par la forêt du Tonga, et couvert de fougères, de bruyères, de genêts, de broussailles et de chardons. Au bord des criques et des anses de ce parcours, j'avais recueilli force cicindèles dorées, ailleurs des calosums rares, et, parmi les chardons, des cétoines d'une taille peu ordinaire ; le tout en variétés curieuses. Je faisais là de longues stations, furetant sous les feuilles et me guidant, pour mes recherches, sur ce que je savais des mœurs et des habitudes de ces bestioles. Une après-midi, il était au plus deux heures, le soleil nous brûlait, et cependant nous marchions vaillamment, le docteur Luzuardi et moi, à la conquête de l'inconnu, lorsque j'aperçus, sur un buisson de myrte, un calosum gigantesque d'une beauté achevée : ses élytres brillaient avec des reflets d'émeraudes ; son corselet mordoré semblait fait de flammes rubis. Je me saisis de l'insecte en jetant un cri de joie.

— Celui-là, je ne le connais pas, me dit, en l'examinant à la loupe, le docteur ; ce pourrait bien être une trouvaille exceptionnelle.

— Aux innocents les mains pleines, répliquai-je; docteur, il portera votre nom, c'est justice. Au professeur l'honneur.

Et avec des précautions infinies je glissai le précieux joyau dans ma boîte, que, pour plus de sûreté, je gardai en main jusqu'à la maison.

Là, nous montons dans mon cabinet. Je ferme la fenêtre; il faut, avant tout, prendre ses précautions, tout prévoir, ces coléoptères sont si rusés: s'il s'envolait! J'appelle mon monde; je veux que mon incomparable coléoptère soit admiré. On m'entoure, chacun tend le cou pour jouir le premier de la vue de cette merveille. Doucement, méthodiquement, j'entr'ouvre ma boîte, puis j'enlève tout à fait le couvercle. O douleur! elle est vide!

— Comment cela se peut-il? dis-je d'une voix altérée. Je suis certaine de l'avoir mis là-dedans: un récipient hermétiquement clos...

— Vous aurez cru l'y mettre et il se sera dérobé au moment même, répond Luzuardi.

Et il ajoute flegmatiquement avec sa philosophie accoutumée:

— Après tout, il était dans son droit et peut-être prévoyait-il l'honneur de sa destinée. Il faudra retourner là-bas, à la même heure et.....

Je fondis en larmes et ne dormis point de la nuit.

Pendant bien des jours, je repris le chemin des broussailles, mais en vain: je ne revis plus mon brillant insecte, ni aucun de ses semblables.

Que de coléoptères passent ainsi dans notre vie, et que, mieux aguerris, plus stoïques, nous voyons nous échapper, sans oser pleurer ni avouer nos insomnies !

III

L'histoire curieuse et bien intéressante de « la Compagnie des concessions d'Afrique » est à écrire, et je m'étonne qu'elle n'ait point encore tenté quelque érudit. Elle se rattache étroitement à celles des deux régences d'Alger et de Tunis, et serait également celle de deux points de la côte nord africaine, où ont eu lieu des faits d'armes glorieux pour la France, et dont le passé mérite mieux que l'oubli.

Des évènements récents viennent de mettre en lumière ces deux points : Tabarka et La Calle. Tabarka, Tabarque, et plus anciennement « Thabraka », qui signifie branchu. Ce nom a été donné à la contrée en raison de l'importance de ses forêts, dont Juvénal fait mention dans sa dixième satire où se trouve ce vers :

Quales umbriferos ubi pandit Trabaca saltus.

Calle, en arabe *Kalla*, est l'équivalent de mouillage sûr, endroit abrité, couvert. Il doit être aussi une extension ou une corruption du mot *qaar*, fond. En Tunisie et en Algérie, il désigne diverses localités : Kala-Kebira, Kala-Sghira, La Calle, et Kala dans la province d'Oran.

La Compagnie des concessions d'Afrique, qui prit, en 1741, le nom de Compagnie royale d'Afrique, fut fondée dès l'année 1520, dans laquelle des négociants provençaux traitèrent avec les tribus de la Mazoula pour le monopole de la pêche du corail de Bône à Tabarka. Une première convention fut signée par Charles IX et l'émir El-Moumenin Sélim III, — c'est-à-dire le prince des croyants, — que, dans l'ignorance où l'on était alors de la langue arabe, on désignait, dans les actes et les papiers de chancellerie, sous le titre bizarre et incompréhensible de « Miramolin ». Par ce traité Sélim cédait à la France le commerce des places, ports et havres de Malcafarel, Collo, La Calle, du cap Rose et de Bône.

En 1540, un neveu de l'amiral André Doria, Jennetin Doria, commandant un vaisseau de la marine génoise, avait capturé, sur les côtes de la Corse, le corsaire Dragut, frère du célèbre Baba-Arroudji dit Barberousse ; après des négociations épineuses conduites par un noble génois, Lomellini, Dragut fut rendu à son frère, et, en récompense, la famille Lomellini obtint en toute propriété la cession de l'île de Tabarka avec le droit de pêche du corail et celui d'exportation des céréales, laines, cuirs, chevaux et bestiaux.

L'établissement génois de Tabarka devint promptement très florissant ; son commerce avec les tribus khoumires fut pour lui une source de prospérités que jalousa la Compagnie française des concessions d'Afrique, séparée d'ailleurs de son comptoir du cap Nègre, par l'île de Tabarka dont elle souhaitait la possession. En 1738, M. de Lomellini fut sur le point de céder sa petite souveraineté à la Compagnie ; mais, l'affaire s'étant ébruitée par les indiscrétions d'un nommé Fougace, négociant de Marseille, chargé de traiter, Ali-Pacha, bey de Tunis, alors en hostilités avec la France, ne voulant point que Tabarka devînt la propriété des Français, reprit possession de l'île, dont les habitants furent, les uns expulsés, les autres massacrés, les fortifications démantelées, l'église et les habitations détruites. Avec les débris de celles-ci Gounarès-Bey, fils du pacha et commandant des troupes tunisiennes, fit établir une jetée pour relier Tabarka au continent, et un fort sur celui-ci pour commander l'île.

En 1560, le Bastion de France, édifié par la Compagnie française, et situé à cinq lieues nord-est de l'embouchure de la Maffrag, avait été achevé ; mais les fièvres paludéennes, causées par les émanations des marais environnants, contraignirent la Compagnie à abandonner ce poste et à se retirer dans une petite baie, à trois lieues plus à l'est, où « ces messieurs », d'après le voyageur Shaw, « avaient encore, en 1743, une belle maison et de beaux jardins, trois cents pêcheurs de corail, une compagnie d'infanterie, plusieurs pièces de canon et une place d'armes ». Les bonnes relations existant entre Henri IV et les sultans de Constantinople confirmèrent, en 1604, la ratification des concessions déjà octroyées. Pendant les agitations des Guise, elles furent en péril, puis se relevèrent sous l'impulsion puissante de Richelieu. En 1624, Amurat IV cédait en toute propriété à la France Bône, le cap Rose, le cap Nègre, le Bastion et La Calle; mais, dès 1626, à la mort du pacha d'Alger Sisaref, et sous son successeur Hussein, les corsaires barbaresques se livrèrent à la course sur les navires de la Compagnie, et, après des vicissitudes diverses, un nouveau traité, dont la négociation coûta 272.435 livres, fut signé. Le Bastion ruiné se rétablit, et, pour cette concession aléatoire, — car les Algériens continuèrent leurs courses, — la France s'engagea à payer au pacha 16.000 doubles pour la milice et 10.000 pour le trésor de la kasbah.

« Outre la pêche du corail, dit Shaw, la Compagnie fait aussi seule le commerce du blé, de la laine, des cuirs et de la cire. Pour jouir de ce privilège, elle paie tous les ans, au gouvernement d'Alger, au kaïd de Bône et aux chefs arabes du voisinage, trente mille écus. »

Il ne restait du Bastion de France, à l'époque où je le visitai, que les murs extérieurs d'une construction massive, percée d'embrasures de défense, située sur un coteau verdoyant au bord de la mer. Des beaux jardins de la Compagnie il n'existait d'autres traces que les vestiges d'un vaste bassin et quelques arbres fruitiers redevenus sauvages faute de culture. Des buissons delentisques, des arbousiers, des aloès, quelques maigres oliviers, croissaient parmi les ruines, tout imprégnées sous le soleil ardent de cette mélancolie austère et grandiose, d'un caractère si frappant dans les sites africains.

De quelles scènes de désespoir et de carnage furent témoins ces vieilles murailles quand les hordes arabes, s'unissant aux corsaires turcs de l'odjack pour chasser les chrétiens, se ruaient contre les établissements de la Compagnie, assiégée par terre et par mer, sans espoir de secours extérieurs, et succombant sous le nombre en dépit de sa vaillance !

Que de poignants épisodes ont eu lieu dans ces étroits espaces concédés aux Français ! Que de traits de courage et d'héroïsmes obscurs resteront ensevelis, à jamais ignorés et perdus pour l'histoire, sur ces rives où la haine de race à race, le combat pour la fortune, surexcités par le fanatisme religieux, ont fait tant de victimes ! On y songe en présence de cette immuable, impassible et sauvage nature, devant l'immensité du ciel, de la terre et des eaux, et l'on est envahi par les vagues tristesses, les désolantes rêveries, dont les poèmes bibliques demeurent la plus haute expression. Que de fois elles m'ont assaillie dans ces solitudes où seul le bruit monotone du pas de mon cheval répondait aux clameurs de la mer et aux rugissements des grands fauves !

J'ignore la date précise de la création de la nouvelle Calle, celle que nous habitions ; mais son nom indique que cet établissement fut postérieur à celui du « Bastion », ou vieille Calle. En tant que sécurité, l'endroit était bien choisi, d'ailleurs. Au fond d'un entonnoir en demi-cercle formé par des ramifications de l'Atlas, dont deux contreforts, assez rapprochés, aboutissent au rivage, est une vallée étroite que termine un récif élevé, avançant sur la mer et relié au continent, à l'est, par une déclivité du roc même et par une langue de sable de quelques centaines de mètres. C'est sur cette presqu'île, moins large que longue, et courant de l'est-est-sud à l'ouest, que la Compagnie établit son comptoir. Le récif fut entouré d'une haute muraille se continuant sur la terre ferme, emprisonnant une vaste plage, pour se relier à une colline parallèle à la presqu'île. Une véritable citadelle couronna le faîte du plateau, menaçant de ses canons les campagnes environnantes, et défendant le port, petit havre naturel, ouvert au nord-ouest, entre la colline et la presqu'île qu'il séparait, et dont les eaux, les baignant toutes deux, allaient mourir sur les sables de la plage.

Tout le domaine de la Compagnie se trouvait ainsi gardé par ses ouvrages de défense. Sur le récif, en regard du port, on bâtit un château, précédé d'une cour fortifiée elle-même, résidence des directeurs et employés, et qui, après la conquête de 1830, lors de la reprise de possession de La Calle par les troupes françaises, devint l'habitation du commandant supérieur et celle de l'état-major de la place.

En 1853, à la suite d'une agression des Khoumirs, qui, de même qu'aujourd'hui, se livraient alors à des incursions sur notre territoire, le commandant supérieur du cercle, muni de pouvoirs discrétionnaires, fit trancher la tête à quarante prisonniers khoumirs; elles demeurèrent exposées plusieurs jours, sur le mur du pavillon, en dépit de la chaleur, et elles n'en disparurent que sur les plaintes réitérées des habitants.

Dès l'occupation par la Compagnie, la presqu'île se couvrit promptement de constructions, hôpital, église, magasins et entrepôts. De la plate-forme sur laquelle s'ouvrait le château, on creusa dans le roc une rampe de descente au quai du port. Un phare s'éleva à la pointe du récif, juste à l'entrée du havre, sur une esplanade hérissée de canons où j'ai vu un vieux mortier, aux armes de la ville de Marseille, laissé là comme souvenir du passé. Par surcroît de prudence, un fortin, servant de prison, commandait la plage à l'autre extrémité de la presqu'île, fermée par une porte bardée de fer, avec fossé et pont-levis.

La Calle était donc admirablement défendue pour l'époque, à l'abri de toute surprise; la plage isolée par son mur et bien gardée, ainsi que le port, par les canons de la citadelle et ceux du récif. Il fallut, pour la détruire et vaincre la poignée d'hommes qui l'habitaient, les efforts combinés, en 1827, des pirates algériens tenant la mer, et des tribus environnantes, Khoumirs, Oulad-Diab et autres, lui donnant l'assaut sur la terre ferme.

Le rocher de La Calle offre une particularité remarquable : il n'est rattaché au sol sous-marin que par des pilotis naturels très espacés, laissant aux eaux de la mer un libre accès, tandis que, sur la presque totalité de la surface, il est percé de trous cylindriques réguliers et aussi rapprochés que les alvéoles d'une ruche d'abeilles. Par les gros temps les vagues, s'engouffrant en dessous dans ces siphons gigantesques, s'élèvent en colonnes d'un effet superbe au-dessus de leur orifice, et retombent sur le roc nu, qu'elles couvrent d'une écume nacrée et de pluie de perles.

Il n'y a jamais eu et il n'y a encore ni source ni

eau potable sur la presqu'île, où l'on est, en raison de la nature du sol, dans l'impossibilité absolue de creuser des citernes, dont le produit serait d'ailleurs insuffisant : il ne pleut presque jamais dans ces parages. L'hostilité permanente des Arabes ne permettait point à la Compagnie de pratiquer des travaux sur le continent ou, à supposer qu'elle obtînt l'autorisation moyennant finance, d'établir des aqueducs : ils eussent été à la merci des caprices fanatiques des tribus du voisinage. Elle fit donc forer sur la plage, à deux cents mètres au plus du rivage, un immense puits où l'eau saumâtre arrivait, après un filtrage élémentaire dans le sable, conservant une saveur des moins agréables. A l'époque où je me trouvais à La Calle, ce puits servait encore aux besoins des habitants. Les deux ou trois cents bateaux corailleurs, montés chacun par huit hommes d'équipage, et qui ont remplacé la Compagnie marseillaise, venant faire leur eau au réservoir de la plage, le laissaient à sec, et, pendant plusieurs jours, les habitants se désaltéraient d'une mixtion épaisse et salée ou faisaient prendre sur le continent, à une source éloignée, l'eau nécessaire à leur consommation quotidienne.

Faute d'humus, de terre végétale, il ne croît pas un brin d'herbe sur le sol salin de la presqu'île. Je n'y ai jamais vu l'ombre de végétation, si ce n'est un grand palmier femelle, d'un aspect désolé, poussé par hasard, auprès et en dehors de la porte, et protégé contre le terrible vent du nord par le mur d'enceinte auquel il s'appuyait.

J'eus, un jour, la fantaisie de tenter la plantation d'un arbre dans la cour de notre maison ; on gratta le sol, et le malheureux arbre alla s'engloutir dans la mer par un des siphons de l'alvéole.

IV

A la reprise de possession, en 1836, on s'empressa de relever les ruines faites par les Arabes ; les constructions réparées redevinrent habitables, et les premiers occupants furent des Maltais ; ces insulaires si industrieux, si intelligents, si actifs et tant calomniés qui, à peu près sur toute la côte de notre province de l'Est, furent les pionniers et les avant-gardes de la civilisation.

Une forte garnison occupa dès lors la ville et la citadelle, qui prit le nom de fort du Moulin, de ce que la Compagnie y avait installé, pour ses besoins, des moulins à vent, dont il subsistait encore des vestiges.

Des maisons particulières s'élevèrent sur la limite nord de la presqu'île, les bâtiments militaires, leurs dépendances, l'hôpital, les anciens ouvrages de fortification et la rampe du quai occupant tout le bord sud.

On construisit une caserne, un pénitencier militaire, et, plus tard, la pêche du corail étant reprise par des Italiens qui, en vertu des anciens traités, paient à l'État une prestation pour le droit de pêche, l'entrepôt de leurs provisions et de leurs produits, de vastes magasins furent affectés à la douane, et les propriétaires armateurs des balancelles corailleuses, dont quelques-uns se fixèrent à La Calle, bâtirent à leur tour. Dans la partie la plus spacieuse de la presqu'île, de nouvelles maisons formèrent une séparation entre les rives du récif, qui eut ainsi deux artères longitudinales. Un large espace fut ménagé à peu près au centre, et sur le bord nord du rocher, dominant en cet endroit la mer par une altitude d'une vingtaine de mètres ; c'était le lieu le plus agréable de la ville : on y fit une place qui devint bientôt le but de promenade des habitants. Par les plus fortes chaleurs, les brises marines y apportent de délicieuses fraîcheurs et le bon et salutaire parfum des algues et des varechs. Saturé d'iode, l'air de La Calle est d'une exceptionnelle pureté, et lorsque des épidémies désolent le continent, la presqu'île n'en est jamais atteinte.

Une des façades du commissariat civil donnait sur cette place; de mes fenêtres, je pouvais contempler à l'aise la haute mer, ses aspects si divers, si variés, son mouvant miroir, et, à une vingtaine de lieues au large, l'île de la Galitte, ses effets de mirage superposant des pics fantastiques aux faîtes de ses montagnes naturelles. J'apercevais, dans d'éclatants lointains, des vaisseaux filant sous le vent, à la voile, à la vapeur, et, au-dessus d'eux, leur propre image la quille en l'air, comme soudés ensemble par la pointe des vergues, et, naviguant d'une égale vitesse. Pendant les nuits brûlantes des mois de juillet et d'août, tandis que le siroco embrasait l'atmosphère, accoudée à ma fenêtre, oubliant les heures, j'admirais, dans une extatique rêverie, le calme et fluide azur des flots, pailleté des tremblantes clartés de la lune, les balancelles corailleuses, se rendant processionnellement à la pêche, mollement balancées dans un lumineux sillage, et les voiles latines, piquant de leurs longs triangles blancs les profondeurs sombres de l'horizon. Pour tromper l'ennui, les marins italiens chantaient en chœur, d'un bateau à l'autre; leurs voix puissantes et belles s'accompagnaient du bruit régulier et cadencé des longues rames frappant l'eau, en faisant jaillir des ondes phosphorescentes. Parfois une plainte douce et triste leur répondait; c'était celle du lamantin mélancolique qui hante le rivage, sur lequel le flot, avant de s'éteindre dans un imperceptible murmure, accrochait des franges nacrées.

Ces tableaux, ces chants me causaient une impression profonde, renouvelée presque chaque soir, dont je ne me lassais jamais et qui, quels que fussent les orages, les sourdes révoltes grondant en moi, les apaisait toujours. J'ai vu, depuis, bien des féeries, de somptueux décors d'opéra, mais ils ne m'ont point laissé le souvenir radieux de la splendeur des nuits africaines.

La pêche du corail est une source de prospérités pour la commune de La Calle, la plus riche de l'Algérie et la seule, si je ne me trompe, qui, se suffisant largement, offre un boni au Trésor, et cela en vertu de conventions internationales dont la première remonte à l'an 1520.

Du mois d'octobre au mois de mai, la presqu'île de La Calle est triste et désolée : les vagues la frappent sans relâche, la grande voix de la mer domine tous les bruits humains ; le récif, ébranlé par sa base, tremble et tressaille sous les assauts implacables qu'il subit ; le flot montant envahit la cité, et bien souvent, malgré la largeur de la place, qui séparait notre habitation du bord, l'écume des vagues brisées sur le rocher venait s'abattre jusque dans ma chambre. Un jour, un paquet d'eau effondra le toit plus bas d'une maison voisine, qui dut être momentanément désertée. L'entrée du port est si dangereuse qu'aucun navire ne se hasarde guère à la franchir dans la mauvaise saison; et lorsqu'il n'y avait pas de route entre Bône et La Calle, — peut-être n'en existe-t-il pas encore, — que la Maffrag, sans pont, débordait à la suite des pluies hivernales, perdus sur notre rocher, nous vivions isolés, séparés de toute communication avec le monde extérieur. Il y eut un hiver où la farine fit défaut : nous dûmes, pendant trois semaines, remplacer le pain quotidien par des pommes de terre.

Dès les premiers jours de mai, la ville renaît et s'anime. On s'assemble sur la place, tous les regards convergent vers la mer ; on a signalé les bateaux corailleurs qui arrivent chargés des provenances d'Italie, jambons et mortadelle de Bologne, rosoglio et vermouth de Turin, lazagnes, macaroni de Naples, vin blanc si gai d'Asti, fiasques de ces vins rouges, si parfumés, du Vésuve. C'est l'abondance, la fortune qu'apportent ces pêcheurs qui augmentent la population, pendant une moyenne de six mois, de deux mille quatre cents habitants environ.

La frontière fictive entre l'Algérie et la Tunisie n'a jamais été parfaitement délimitée dans la région de La Calle. Les anciens du pays prétendaient que la ligne primitive et réelle, au début de l'occupation, entre les deux régences, était figurée par un mince ruisseau, constamment à sec en été, transformé alors en ravin, longeant extérieurement le mur de la plage, et se jetant dans la mer, à trois cents mètres au plus de la presqu'île. Le voyageur anglais Shaw la place beaucoup plus loin, à la hauteur de Tabarka, et en parle ainsi :

« L'oued El-Erg, ruisseau qui sort du lac des Nadies, à cinq lieues à l'est de La Calle, fut pendant quelques années la borne entre les républiques d'Alger et de Tunis, et a donné occasion à bien des disputes ; mais comme le pays qui est entre l'oued El-Erg et la Zaine (qui est à quatre lieues plus à l'est) paie souvent des contributions aux Algériens, cela m'a engagé à fixer à la Zaine la borne orientale de leur État. »

Pélissier, membre de la Commission scientifique de l'Algérie, n'a point précisé aussi expressément, cette délimitation : « Entre cette dernière localité (Tabarka) et la frontière de l'Algérie, on trouve la tribu des Khoumirs, qui a su se soustraire à toute espèce de joug, et qui se gouverne démocratiquement. Malheureusement pour elle, les actes de brigandage qu'elle se permet trop souvent sur les corailleurs que des évènements de mer jettent sur ses côtes, lui attireront tôt ou tard, de la part de nos troupes, un sévère châtiment qui pourra bien entraîner la perte de son indépendance. Le pays des Khoumirs est d'un accès très difficile. Il présente de l'intérêt à cause des belles forêts qui y existent, et d'un petit volcan qui s'y est ouvert ou plutôt rouvert en 1838. »

Nos possessions ne s'étendirent jamais jusqu'à la Zaine, dont le lit est en plein pays khoumir, et qui prend sa source, non dans le lac des Nadies, mais dans les montagnes du Djebel-Adissa, fort en dehors de la frontière, et très au sud du parcours des tribus des Khoumirs. Avant les récentes agressions de ceux-ci, nous n'avions élevé aucune prétention sur Tabarka, bien qu'il y eût en notre faveur un précédent, Tabarka ayant fait partie de l'odjack d'Alger.

En 1847, après l'établissement d'exploitation de la mine de plomb argentifère du kef Oum-Theboul par une compagnie française, l'état-major, en dressant sa carte, comprit le kef Oum-Theboul, situé à trois lieues est-sud de La Calle, dans le territoire de la colonie. Le gouvernement tunisien protesta, mais les choses demeurèrent en l'état, et cette limite fut définitivement adoptée.

V

Les environs de La Calle sont charmants; certains sites restent dans mes souvenirs aussi frais, aussi vivants que si je les eusse quittés hier : tel est le pays de M'zirah. Entre l'ancien Bastion de France et le cap Gros, à peu près à la hauteur du lac Mélah, il existe une petite crique entourée de rochers que domine le plateau boisé de M'zirah; c'est l'endroit le plus adorable que l'on puisse rêver. Rien de délicieux comme le vallon qui, du côté sud, aboutit à des prairies où serpentent des ruisseaux, où d'énormes figuiers, des oliviers au feuillage gris, contrastent heureusement avec des bois de grenadiers sur lesquels éclate le fruit mur rempli de ses baies de rubis étincelantes; des caroubiers énormes abritent de leur ombre quelques tentes éparses de-ci de-là. Des dômes de marabouts étalent leurs coupoles blanches à des intervalles éloignés. Des forêts de chênes lièges occupent d'immenses espaces dans les environs du lac, véritable miroir d'argent, entouré d'une ceinture d'arbres verts où le tremble léger, frissonnant, marie son feuillage clair aux frondaisons du tamarix empanaché de rose. De grands saules inclinent leurs têtes touffues sur la surface des eaux; des lianes gigantesques les enguirlandent en de longs festons mouvants, soulevés par les brises; quelques palmiers isolés dressent vers le ciel leurs palmes majestueuses et mélancoliques, et, dans le lointain, un horizon de montagnes, à perte de vue, achève le tableau.

Au nord, le plateau de M'zirah n'est pas moins

pourvu de charme. Du sommet, le regard porte sur la Méditerranée où, vers l'est, apparaissent les trois crêtes du pic aride de l'île de la Galitte, sur laquelle on raconte d'émouvantes histoires, des drames sanglants, — peut-être seront-ils écrits un jour ; — l'ardeur du soleil métallise ce pic, et les yeux fatigués reviennent plus près, sur les promontoires qui leur ferment l'espace par les lignes sombres et mouvementées des tuyas et des cèdres bordant leurs cimes. Au pied de la colline, sur la plage, dans ses escarpements et ses contreforts de rochers, la terre et l'eau se livrent d'incessants combats. La vague se forme au large, insidieuse, perfide, presque caressante : c'est d'abord un imperceptible remous, s'élevant en un cône d'écume argentée sur la glauque surface de la mer ; mais le cône monte, grossit, s'élargit, l'écume argentée s'allonge, envahissant une ligne de plusieurs kilomètres. La masse soulevée, compacte, cohésive, marche au rivage ; sa haute volute menaçante roule, se recourbant de plus en plus, creuse sous elle le flot verdissant, pour atterrir à la plage, où des rocs épars lui opposent leur immuable obstacle ; elle s'y brise en de grandes envolées, les inondant de son écume neigeuse qui retombe en ruisseaux d'argent en fusion. Par le calme, le flot, sans colère, meurt au rivage, en ondulations molles, régulières, liserant à peine les rochers ou le sable d'un étroit et onduleux ruban blanc. Mais, qu'elle soit furieuse ou paisible, la mer implacable, dévorante, prend toujours et ne rend rien.

A mi-côte, une source abondante, d'une incomparable fraîcheur, jaillit d'un abri de verdure, s'épanche en cascatelles, arrose des tapis de narcisses embaumés, à la svelte tige, à la large corolle éburnéenne, au calice d'or bordé de pourpre; des cyclamens, la plus aérienne des fleurs, presque semblable aux ailes d'un papillon, balancent leurs collerettes d'un lilas tendre, élargissent leurs feuilles si richement diaprées, doublées de brun, et bordent le pur cristal de la source, qui descend à la mer en détours sinueux.

Dans son parcours, elle avait des élargissements qui nous donnèrent, un jour, l'idée d'y creuser un bassin. On se mit à l'œuvre, et, tandis que nos marins recueillaient dans les rochers des « fruits de mer », pour les joindre au poisson d'une de ces délicieuses bouillabaisses dont eux seuls possèdent le secret, nous achevâmes notre travail, réussi à la satisfaction unanime. Après le déjeuner, on baptisa solennellement le bassin en y vidant une coupe de vin d'Asti, et on lui donna mon prénom. Je devais le laisser là-bas, à un éphémère quelconque, car il est peu probable que notre lac en miniature ait survécu à l'action dissolvante du temps.

Quand nous partions pour nos courses à la mer, des bateaux corailleurs on nous bombardait, au passage, dans le port même, de provendes de toutes sortes : fiasquettes au col allongé, à la panse rebondie, saucissons, mortadelle, jambons cuits, fruits exquis, fioles de rosoglio ; une fois, on descendit ainsi, dans notre chaloupe, un énorme plat de macaroni fumant, le tout à la barbe des douaniers, pensifs sur le quai et qui, en raison de l'axiome « la mer est libre », n'avaient pas un mot à dire. Non loin de la côte où l'on devait aborder, on lançait le filet, puis, au moment de faire les repas, on allait le reprendre, aussi pesant alors *que celui de la pêche miraculeuse.*

Plus rapproché de La Calle que M'zirah, et pour les jours où l'on ne voulait pas trop s'éloigner, on avait, par le travers de l'île Maudite, dont le nom sinistre m'avait causé au début une si pénible impression, un autre but de promenade plus agreste, plus sauvage, où l'on allait déjeuner, en dépit des appréhensions que l'on pouvait concevoir de son nom : « Bou-Liff » (père des vipères). Je n'en ai jamais aperçu une seule sur les rochers du sommet, pas plus qu'auprès de la source où les Arabes prétendaient qu'elles venaient se désaltérer, et où nous établissions notre campement. Le rivage de Bou-Liff n'offrait ni plage ni abris. De la chaloupe on sautait dans la forêt, se dressant presque perpendiculaire au-dessus de la mer. Dans certains endroits, il fallait, à l'aide des branches d'arbres et des lianes, se hisser à la force du poignet, pour monter haut, toujours plus haut. N'est-ce pas une des aspirations inconscientes et innées de l'homme que ce désir et ce besoin?

L'ancienne citadelle de la Compagnie, ou fort du Moulin, présente sa falaise Ouest à la face Est de Bou-Liff. Entre les deux, une belle plage très spacieuse étale la transparence de ses eaux, toujours tièdes, sur un attrayant fond de sable; c'est un endroit délicieux pour la baignade : on peut y faire deux à trois cents mètres sans perdre pied, et l'on y est à l'abri des vents du nord par l'île Maudite, récif affreux, absolument dénudé, où n'a jamais pu croître un brin d'herbe. C'était le séjour habituel, le lieu de prédilection de nombreuses familles de phoques qui trouvaient abondamment à s'y nourrir d'oursins et de ces laids coquillages que l'on nomme des arapelles, dont ces amphibies sont si friands et qu'ils arrachent, avec leurs dents, des rochers auxquels adhèrent étroitement ces univalves. Que de fois, tournant, dans notre embarcation, l'île Maudite, pour nous rendre à la plage, nous avons troublé la sieste des phoques paresseusement couchés au soleil! Au bruit des avirons, ils se soulevaient à demi, regardaient curieusement, puis se glissaient prestement dans l'eau, où ils disparaissaient en plongeant, pour se montrer un peu plus loin, et nous regarder encore.

Je fis, un jour, dans ces parages, mais sur le continent, une rencontre moins anodine. En suivant, à cheval, la ligne des crêtes qui enserrent la plage, je vis, immédiatement au-dessous de moi, une énorme panthère, les pattes étendues en avant, la tête reposant sur celles-ci, à la manière des chats. Superbe dans sa nonchalance, et à demi endormie, elle ne faisait pas attention à moi; mais si elle m'apercevait, si elle levait les yeux, en deux bonds elle m'atteindrait... Je rendis la bride à mon cheval plus effrayé que moi, et nous partîmes d'une course folle à travers les halliers, les broussailles et les ravins, pour ne ralentir qu'à la porte de la ville.

Il y a bien d'autres sites charmants ou grandioses dans le cercle de La Calle : à l'ouest et au sud, le camp des Faucheurs, le lac du Milieu, la plaine de l'oued El-Kebir, le kaïdat de Djab-Allah, ses riches tribus et ses beaux villages arabes; à l'est, les forêts du Tonga, le kef Oum-Theboul, les plateaux de la chaîne de montagnes du Djebel-Addeda, et le rivage de la mer, dans la direction de Tabarka.

Lorsque nous avons quitté La Calle, la presqu'île était à peu près seule habitée; quelques rares maisons se groupaient timidement autour de l'hôpital récemment construit sur le continent, à l'abri du coteau qu'il faut gravir pour rejoindre la route de Bône. Maintenant la presqu'île n'est plus le cœur de la cité: une ville nouvelle s'est édifiée au delà de la plage; des concessions de terre ont fertilisé la vallée où nous allions pêcher les grenouilles, dans des marais transformés en plantureux jardins.

Les environs de La Calle recèlent de grandes richesses ; ses admirables forêts de chênes lièges, exploitées déjà en partie ; ses gîtes miniers, peu connus encore, ses gras pâturages, ses terres fertiles, lui assurent un brillant avenir. Il ne lui manquait que d'être en vue. L'expédition contre les Khoumirs ayant fixé sur elle l'attention publique, il est à présumer qu'aussitôt le calme revenu, ses immenses ressources, mises en valeur et fécondées par le travail et l'industrie, lui assigneront un rang exceptionnel parmi les régions de la colonie.

Il semblerait que les relations séculaires établies entre nos nationaux et les indigènes de cette partie du littoral dussent avoir une certaine influence sur ceux-ci et adoucir leurs mœurs ; le contraire s'est produit, et, par une de ces anomalies si fréquentes dans l'histoire des peuples, les Arabes des territoires limitrophes de La Calle, principalement les Khoumirs, — que l'on devrait, selon le génie de la langue arabe, écrire *Khoumirs* (l'*h* aspirée sonnant comme un *r*), — descendants barbares des barbares Gétules, sont réfractaires à toute civilisation.

On en amena un en otage, à La Calle, pendant que nous y étions. C'était un jeune et assez beau garçon d'une vingtaine d'années. Comme on le plaçait devant une glace, il se prit de colère contre sa propre image, qu'il menaçait du poing et qui, naturellement, reproduisait ses gestes ; il devint alors furieux. Ni raisonnements ni démonstrations ne purent lui faire comprendre ce qui en était, et, s'élançant contre son ennemi imaginaire, il brisa la glace, se blessa les mains, mais ne fut point convaincu.

Nous avions une écurie bien montée en chevaux de selle ; pas de voiture : c'eût été inutile dans un pays où les routes n'existaient qu'à l'état de tronçons rudimentaires. Nous possédions aussi une embarcation légère, solide, à trois paires de rames, et pouvant contenir, outre son équipage de six matelots et le patron, seize personnes. On faisait donc de longues promenades en mer, des pêches toujours fructueuses, et, sur les côtes, des excursions d'un grand intérêt.

VI

Un matin, l'interprète du commissariat civil, notre factum, que je nommais plaisamment mon écuyer cavalcadour, — c'était lui qui, avec ondu-mestique, m'accompagnait d'habitude dans mes promenades, — frappa à la porte de mon cabinet.

— Je viens, me dit-il, de voir au marché un cheval superbe ; ce serait dommage qu'il vous échappât.

— Mais je n'en ai pas besoin.

— Vous pourriez toujours vous défaire d'Holopherne, qui ne vaut pas grand'chose, et le remplacer par celui-là.

— Comment est-il ?

— Magnifique, une perfection.

— Sous quelle robe ?

— Gris clair pommelé. Oh ! il est beau ! Une petite tête fine, de larges naseaux, des jambes ! Une crinière ondulée qui descend jusqu'aux jarrets, une queue épaisse, fournie, traînant à terre. Je vous le répète, c'est une merveille, et des yeux si doux et pleins de feu ! Pas une tare, et il est de race !

— Son âge ?

— Cinq ans.

J'étais tentée.

— La vue n'en coûte rien, reprit insidieusement l'interprète, qui connaissait ma passion pour les solipèdes ; je vais vous le faire amener.

— A qui appartient-il ?

— Il était au fils d'un chef khoumir ; ce garçon est mort, et le père désolé ne veut plus voir ce cheval, qu'il ne tient point à vendre à des Arabes. Il sait qu'il sera mieux chez des Français. Laissez-moi vous montrer l'homme et la bête.

J'y consentis et, un instant après, le chef khoumir et l'étalon entraient dans la cour.

L'interprète ne m'avait point trompée: aucune des écuries de la ville, pas même celle du commandant supérieur, ne possédait un cheval égal à celui du Khoumir, beau vieillard à barbe blanche, type numide des plus flattés, un Éliézer à la fontaine.

Il me raconta avec larmes l'histoire de son fils tué par *vendetta* dans une fête.

J'étais émue de pitié pour le malheureux père et d'admiration pour la noble bête, qui frappait impatiemment le sol de son sabot rond et lisse.

— Combien? demandai-je.

— J'en voulais soixante douros (1) ; pour toi, je le laisse à cinquante (2). Ce n'est pas vendu, c'est donné.

Je payai sans répliquer; le Khoumir s'en alla et nous restâmes, mon mari, l'interprète et moi, à admirer mon acquisition.

— Pauvre homme! murmurais-je en songeant à la douleur du vieux chef.

---

(1) 300 francs.
(2) 250 francs.

— Pourquoi? reprit l'interprète. Il a fait une bonne affaire, et vous aussi. Il doit être content.

— Comment! la mort de son fils... Ce cheval auquel il tenait tant...

— Ça, c'est des histoires. Le cheval a été volé aux écuries du bey de Tunis, et le Khoumir s'est dit que les Français sont si bêtes qu'il leur ferait avaler cette bourde, ce qui n'empêche que vous avez une monture de prince.

— Je ne vous comprends pas! Vous saviez que cet homme mentait et vous vous êtes fait son complice?

— Si je vous avais raconté la vérité, vous n'auriez pas voulu de cette bête; c'était vous faire manquer une bonne occasion, il n'y a pas lieu de m'en vouloir.

Je ne pus m'empêcher de rire de la logique de l'interprète.

Ce garçon, partie intégrante de notre maison, était un être bizarre. Juif indigène de Tlemcen, élevé je ne sais où, par je ne sais qui, vêtu à l'européenne, mais nullement francisé, et s'exprimant en un charabia des plus étranges et des moins compréhensibles; grand fumeur de haschich, calme, flegmatique, rêvant, sans penser, la moitié du temps; endormi, riant peu, sans presque desserrer les lèvres et silencieusement; bon cavalier, connaissant bien les Arabes, éventant leurs ruses et, par une immunité problématique, courant sans danger à travers tout le pays, il se nommait Judas-ben-Kemoun, et par abréviation nous l'appelions familièrement tantôt Yudda, tantôt Kemoun. L'administration supérieure nous l'avait envoyé. C'était pour moi une espèce d'intendant très actif, très dévoué, très entendu ; il me rendait une foule de services et recrutait le personnel de ma maison, chose difficile à La Calle, où l'on ne trouvait à employer que des soldats de la légion étrangère et des condamnés au pénitencier militaire.

Il ne me convenait pas d'être escortée dans mes promenades à cheval par un soldat, ni par un condamné : comme je cherchais un nouveau domestique pour cette fonction, Kemoun m'en découvrit un et me fit son historique.

C'était un juif tunisien, remarquablement beau, qui, ayant eu l'heur ou le malheur de plaire à une femme musulmane, s'était laissé surprendre rôdant autour de la demeure de celle-ci : roué de coups d'abord, puis contraint d'embrasser l'islamisme et finalement incorporé dans l'armée tunisienne, il avait déserté et s'était échoué à La Calle, premier port de salut rencontré sur son chemin.

On me l'amena ; je le trouvai, en effet, superbe : grand, parfaitement construit ; sa belle figure s'encadrait avantageusement du turban, qu'il portait à la façon des janissaires levantins. Il réalisait assez le spécimen d'un domestique de bonne maison et parlait certainement mieux français que Kemoun.

— Sa moralité, je n'en réponds pas, me dit celui-ci ; mais il ne peut se livrer à de grands écarts, attendu que, s'il commettait quelques méfaits, il ne pourrait se sauver à Tunis : il sait que de l'autre côté de la frontière on n'y regarderait pas à deux fois pour lui trancher la tête. Il est donc dans notre main.

Jeune, j'avais la faiblesse de croire que la perfection de la forme ne s'allie guère à une âme de boue : la garantie de l'impossibilité où se trouvait Yussef de prendre la fuite s'il se conduisait mal me paraissait suffisante ; je le pris donc à mon service, et pendant plusieurs mois je n'eus point à me plaindre de lui.

Un matin, comme je venais lui donner l'ordre de seller mon cheval et le sien, je l'aperçus de ma fenêtre en conversation animée avec des Arabes : mon regard s'arrêta une minute sur un d'eux, grand, vilain diable aux yeux obliques, et je n'y pensai plus.

Au moment de partir, Yussef s'arrangea de façon, en me parlant d'un de mes lévriers que j'aimais beaucoup et qui était malade, à m'occuper assez pour me faire oublier d'inspecter le harnachement de mon cheval, depuis le mors jusqu'aux sangles, ce à quoi je ne manquais jamais avant de sortir, de crainte, moins encore des négligences que des perfidies... Il faut être constamment sur la défensive lorsque l'on a chez soi des indigènes.

Ce jour-là, je montais Sebagh, — qu'il faut prononcer *Sebar* en grasseyant légèrement, et qui veut dire *éclair*, — le fameux coursier acheté au vieux coquin de Khoumir. En sortant par la porte de la plage, j'aperçus un groupe d'Arabes dans lequel je reconnus parfaitement celui que j'avais remarqué, un instant auparavant, avec Yussef.

— Tu connais ces gens-là ? lui demandai-je sans penser à mal.

— Non, madame.

— Cependant je t'ai vu parler à celui-là.

Je le lui désignai.

— Il s'informait de l'heure de l'ouverture des bureaux.

— D'où sont-ils ?

— Des Khoumirs, je suppose.

— A quoi les reconnais-tu?

— A la manière dont ils portent la corde de chameau autour de leur chechia. Madame a tort de « sortir si loin », le pays n'est pas sûr.

— Poltron ! Mais, puisque ce sont des Khoumirs, pourquoi les laisse-t-on circuler librement ainsi ?

— Ce ne sont pas des insoumis, ceux-là, objecta Yussef; sans quoi on les aurait arrêtés.

Le pays n'était, en effet, pas sûr. On se battait dans le sud de la province, et les Khoumirs ne se gênaient nullement pour enlever des Européens jusqu'à la porte de la ville. Une petite fille avait été prise, il n'y avait pas quinze jours, sur la plage même, en dépit du poste et du factionnaire, qui n'avait rien vu, rien entendu. Ces évènements se reproduisaient d'ailleurs si fréquemment que l'on ne s'en émouvait guère; seulement, par mesure de précaution, tout le monde était armé.

Quant aux gens enlevés, les Khoumirs, étant bons princes, les rendaient moyennant rançon. Les négociations pour le rachat se traitaient par l'intermédiaire des consuls des diverses nations à Tunis, chacun d'eux s'occupant spécialement de ses nationaux.

Soit insouciance, soit bravade, malgré les avis réitérés du commandant, les objurgations de mon mari, je ne voulais pas consentir à discontinuer mes promenades. Tous les Arabes des environs, me connaissant, admiraient ma sotte intrépidité, et j'avais la faiblesse d'en être glorieuse et d'en tirer vanité. Je savais n'être point personnellement visée; un jour même, un parti de dissidents, attendant dans un ravin, sous un pont, un des nôtres qui devait passer par là et auquel ils en voulaient, pour lui faire un mauvais parti, avaient, en m'apercevant sur le pont, abaissé le canon de leurs fusils. Je ne vis point les hommes; mais l'acier des longues canardières arabes, dépassant les broussailles, brillait au soleil, et, remarquant le mouvement, je hâtai le pas.

Le lendemain, Kemoun, toujours bien renseigné, me dit :

— Vous l'avez échappé belle hier.

— Moi ? Pas du tout !

— Là-bas, sur le pont du Tonga.

— Qui a fait ce conte ?

— Un de ceux qui y étaient. Ils voulaient descendre X... ; heureusement que vous avez été reconnue à temps. Vrai, vous ne devriez plus courir sans que je vous accompagne... Si un beau jour on se méprenait.....

— *Allah ouoi iaref* (1) ! répondis-je en riant. Dans tous les cas, je vous défends de parler de cela au kébir.

Je venais, suivie de Yussef, de m'engager sur la route du Tonga. A gauche, en quittant la plage, cette route monte par une pente insensible, longeant d'un côté de vastes étendues de ravins et de broussailles qui finissent au rivage, de l'autre, de maigres jardins, plantés au bas de la montagne. Puis, tout à coup, à un coude du chemin, la montagne à pic est à votre droite, le ravin profond à votre gauche, la forêt devant vous. J'allais nonchalamment au pas, rêvant et contemplant la mer au loin, les grands arbres, les rochers nus, les clairières et les massifs, cet ensemble bizarre, heurté, grandiose, si divers, si varié et pourtant toujours le même.

---

(1) Dieu le sait.

J'étais dans la région des fougères, je dépassais le pont, j'entrais en pleine forêt, quand les Khoumirs restés à la porte de la ville nous rejoignirent et nous entourèrent, Yussef à quinze pas derrière moi. Pour me débarrasser de l'importun voisinage de ces hommes, je mis Sebagh au trot; mais les obstinés bandits réglèrent aussitôt leur allure sur la mienne. Au même instant, je m'aperçus que ma selle tournait.

Sans appréhension préconçue, sans qu'un pressentiment m'ait avertie, un soupçon terrible s'empare de moi : ce misérable Yussef m'a vendue aux Khoumirs; je vais être enlevée. La perspective de passer six semaines, deux mois, dans un gourbi ou sous la tente, réduite à la portion congrue de galette d'orge, de vivre dans la malpropreté, en proie à d'odieux parasites, de défrayer les méchants loisirs des femmes khoumires, plus sauvages encore que les hommes, ne me souriait guère; mais je n'avais pas autrement peur : on ne me tuerait point, et, si la rançon exigée pour ma liberté dépassait les possibilités des miens, le gouvernement s'en chargerait, je n'en doutais pas. Que d'ennuis cependant pour le kébir, sans compter les reproches et les réprimandes au retour!

— Yussef! criai-je avec un accent impérieux.

Il accourut.

— Descends, continuai-je, passe la bride de ton cheval à ton bras et ressangle ma selle; mais, je t'en préviens, je te surveille, et, si je tombe, j'aurai toujours, avant d'être à terre, le temps de te brûler la cervelle.

Pâle, tremblant, il s'exécutait sans mot dire, tandis que, la bride aux dents, je lui tenais un de mes pistolets braqué sur le front, et qu'observant l'attitude des Khoumirs, j'étais prête à faire feu sur le premier qui m'approcherait de trop près.

J'avais dû, pour faciliter l'opération du ressanglement, retirer mon pied gauche du sabot, ma jambe droite de la fourchette qui la maintenait, et, dans un équilibre assez risqué, j'attendais, avec moins de frayeur que de colère, la fin de l'aventure.

Ma selle en état, je m'assurai prestement de sa solidité en me penchant des deux côtés et d'avant en arrière, puis, sans désarmer, je ressaisis la bride, m'inclinai sur l'encolure de Sebagh pour lui « parler à l'oreille », comme disent les Arabes. Le brave animal comprit, s'enleva d'un bond, bousculant les Khoumirs et, dans une course folle, au galop de charge, à travers champs, franchissant les fondrières, les ravins, les ruisseaux, sautant par-dessus les ronces, les broussailles, les fougères et les palmiers nains, me mit promptement hors de l'atteinte des bandits, dans la direction de La Calle.

Je revoyais le fort du Moulin, la ville toute blanche sur son écueil, la mer bien calme dans son immensité bleue, et je respirais plus à l'aise. Je laissai souffler mon bon Sebagh et nous revînmes lentement. Sur la plage, l'honnête Yussef me rejoignit. Son allure était parfaitement tranquille. Ses beaux traits légèrement altérés trahissaient pourtant une certaine angoisse. Il reprit son poste derrière moi et nous arrivâmes sans encombre dans la cour du commissariat.

Ce qui venait d'avoir lieu n'était-il qu'une fausse alerte ? Avais-je été dupe de ma pusillanimité ? Cela me paraissait peu probable. Le beau Yussef était fort capable d'avoir trafiqué de ma personne ; ceci, je n'en doutais pas. Quoi qu'il en fût, je jugeai prudent de taire l'incident afin de ne point entraver ma liberté, et, au moment de descendre de cheval, appelant Yussef, je posai un doigt sur mes lèvres pour lui recommander le silence. Précaution inutile : il avait, je l'appris plus tard, d'excellentes raisons pour ne point parler, et il n'aurait pas dû espérer en être quitte à si bon compte ; aussi me répondit-il, avec une servilité qui me donna à réfléchir, par la formule orientale :

— Entendre, c'est obéir.

Pour un gaillard assez porté à l'insolence dans l'occasion, c'était étrange, et c'en était fait de ma confiance en lui, déjà fort ébranlée. Je cherchais donc des motifs plausibles pour m'en débarrasser, lorsqu'il me les fournit lui-même.

Doué d'une réelle intelligence, le drôle possédait

des aptitudes variées. Quelques jours après, passant dans un couloir du rez-de-chaussée de la maison, j'entendis, partant d'une pièce inhabitée, un cri de douleur, des gémissements et des imprécations en arabe. Surprise, j'ouvre la porte et j'aperçois Yussef debout, triomphant, tenant en l'air un davier et, dans les pinces de celui-ci, une énorme molaire toute saignante : un Arabe accroupi, aux pieds de mon domestique, la main appuyée sur la mâchoire, compléta la révélation du mystère.

— Que signifie ceci ? dis-je sévèrement.

— Voilà, répond Yussef : ce sont mes petits profits ; dans mes moments perdus, j'arrache des dents aux Arabes.

Et j'aperçois avec dégoût, accrochés à une paroi de la muraille, des instruments de chirurgie dentaire et les trophées répugnants de l'adresse de M. Yussef.

— Ou tu cesseras ce métier, ou tu iras ailleurs chercher de grands et de petits profits.

Yussef renonça à son art, mais, les petits profits le tentant toujours, il se mit à vendre, au marché même, l'orge qu'il y achetait pour mes chevaux, et à dédoubler les matelas du commissariat afin de trafiquer de leur laine.

Détériorer le mobilier de l'État, c'était plus grave que d'extirper les dents aux Arabes ; le kébir se fâcha pour tout de bon, le beau Yussef reçut son congé et disparut tout à coup de La Calle.

Six mois après, j'aperçus, sur la plage, Yussef tout flambant neuf, vêtu en véritable gentleman indigène : veste rouge brodée d'or, pantalon pistache, bottes jaunes en pur fillaly, turban de mousseline largement évasé.

— Il a donc fait fortune ? dit le kébir à Kemoun en lui désignant le vaurien.

— Certainement ! En quittant votre service, il s'est associé à un nègre d'ici, qui était très riche et avait beaucoup de blé. Ils sont partis ensemble pour en faire le commerce, dans le Sud, au delà de Biskra ; le nègre n'était pas très habile... et, ma foi, Yussef s'en est débarrassé aussi.

— Quoi ! Le nègre...?

— Oui, répliqua flegmatiquement Kemoun ; Yussef a vendu le blé de son associé et son associé avec.

VII

Notre vieil ami le kaïd Djab-Allah était arrivé à la maison dès le matin. Il s'agissait d'une chose qui devait certainement m'intéresser et à laquelle il nous conviait : une fête, une *ouadda* en pays khoumir.

A ce préambule, le visage du kébir s'assombrit.

— Je vous invite tous, continua le kaïd ; il n'y a rien à craindre : je serai là avec mon goum.

Ma curiosité était surexcitée : — Coûte que coûte, pensais-je, j'irai chez les Khoumirs.

— Qu'est-ce qu'une ouadda? demandai-je.

— Une espèce de foire libre qui se tient sur le territoire de la koubba d'un marabout, dont on célèbre ce jour-là l'anniversaire, répondit Kemoun. C'est très amusant parce que l'emplacement sur lequel s'étend la foire est neutralisé et devient momentanément sacré. Les ennemis les plus irréconciliables s'y rencontrent sans avoir même le droit de se regarder de travers. Les bandits, les assassins, les voleurs y pullulent et sont tous frères sous l'égide du saint marabout, ce qui n'empêche pas que, l'ouadda terminée, une fois hors de l'enceinte sacrée, on se querelle et on fasse parler, pour tout de bon, la poudre.

Le maladroit! Par une expressive mimique je le suppliais de se taire ; mais il continuait de sa voix traînante, avec son accent dolent et bizarre, et ne me voyait pas, ou feignait d'être aveugle. Peut-être ne lui souriait-il point de nous accompagner à cette ouadda. Cet homme était tout mystère.

— Mais c'est absurde de s'exposer dans de telles bagarres ! objecta le kébir.

— Je m'empressai de traduire en arabe pour le kaïd, qui ne comprenait pas un mot, cette appréciation.

— Je réponds sur ma tête de votre sécurité, dit-il ; j'emmène cinq cents cavaliers de mes tribus. C'est très curieux, l'ouadda en question ; le marabout est connu et vénéré dans toutes les contrées de l'Est, jusqu'au delà de Tripoli. Il y aura des marchand du Kef, de Tunis, de Ghadamès, de Djerba ; des gens de la Tripolitaine, des Touaregs, des Kabyles de partout, sans compter les Khoumirs et les douars environnants.

— Quelle sécurité peut-on espérer chez ces brigands de Khoumirs qui posent comme axiome que du « haut de leurs montagnes ils crachent sur les Tunisiens comme sur les Français » ? Non, nous n'irons pas, reprit péremptoirement le kébir.

— J'irai ! murmurai-je *sotto voce.*

Et tout haut, insidieusement :

— Y aura-t-il des femmes ?

— Certainement ! répliqua le kaïd.

— Y conduiras-tu les tiennes ? demanda le kébir à Djab-Allah.

Le regard du vieux cheik s'abaissa sournoisement avec une condescendance paternelle sur moi, et il répondit par une de ces phrases dubitatives que l'on peut, selon ses dispositions d'esprit, prendre pour la négative ou l'affirmative et desquelles la langue arabe est prodigue.

— Vous le voyez, m'écriai-je, le kaïd emmène sa *zemalah*, il n'y a donc rien à redouter. Vous êtes des peureux !

— A combien est-ce d'ici ? fit le kébir ébranlé.

— A six heures de marche au plus, du côté de R'um-el-Addada.

— Six heures de marche ; il faut donc en compter au moins dix, grommela le kébir, et dans un pays du diable. Comment se nomment ce marabout et ce marché ?

— Le marché, Souck-er-R'umel ou Souck-el-Arba ; il se tient le mercredi ; le marabout, Sidi-Yaya-ben-Mohamed, répondit le kaïd.

Au même instant, on prévint le kébir qu'il était attendu dans son cabinet.

— Eh bien non, décidément ! dit-il en nous quittant ; je te remercie, Djab-Allah ; nous ne profiterons pas de ton invitation.

S'en aller en laissant le tentateur au cœur de la place, quelle faute !

A peine fûmes-nous seuls que je déclarai à Djab-Allah et à Kemoun que je voulais voir l'ouadda, dussé-je m'enfuir subrepticement.

— Mais, tu le sais, kaïd, ajoutai-je, tu réponds de ma tête.

— Il suffit et je le promets, répondit-il sérieux et étendant solennellement la main comme s'il jurait un pacte.

On était au samedi ; je n'avais guère de temps pour préparer mes batteries ; le hasard vint à mon aide sous la forme d'un couple nouvellement arrivé, qui vint me faire visite et que je sus convaincre et embaucher.

Je ne parlai plus de rien jusqu'au mardi ; mais, en déjeunant, m'armant d'un calme factice, je dis au kébir :

— Puisqu'il ne vous plaît point de vous rendre à cette ouadda, permettez-moi d'y aller avec M. et Mme X...

— S'ils y vont réellement, répliqua le kébir, je vous autorise à vous joindre à eux ; mais je tiens à ce que vous fassiez prévenir le kaïd afin qu'il vous donne une escorte à partir du Tonga, et à ce que vous soyez accompagnée de Kemoun. Quel domestique emmenez-vous ?

— Ali, je pense.

C'était celui de nos gens qui avait remplacé Yussef.

Quelques instants après, M. X... vint à la maison et dit qu'en effet il avait, ainsi que sa femme, l'intention d'aller à cette fête. On avait rarement de telles occasions ; il fallait profiter de celles qui se présentaient.

— Mais vous, pourquoi n'y venez-vous pas? demanda-t-il au kébir.

— J'ai un rapport à terminer, on me le réclame, et, à vous dire vrai, répondit-il, je suis depuis longtemps blasé sur les mœurs arabes : elles ne m'intéressent plus.

J'avais enfin carte blanche : il fut convenu avec M. X... qu'à une heure du matin sa femme et lui seraient à ma porte et que nous partirions tous ensemble.

Je croyais mes tribulations finies, ma course assurée, mais point : la fée Guignon s'acharnait contre moi.

Vers le soir, Kemoun se présente avec une figure de circonstance :

— Vous ne savez pas? Par ordre du commandant supérieur, défense aux habitants de se rendre à l'ouadda ; la place vient de faire poser les affiches, et, bien sûr, M. le commissaire civil va lui-même être informé par dépêche du commandement.

— Bon! si la dépêche arrive, je m'arrangerai pour qu'elle ne dépasse point les bureaux jusqu'à demain matin, et alors nous serons loin.

— Oui ; mais, si le kébir sort, il verra l'affiche.

— Il ne sortira pas ; après dîner, je l'engagerai à me lire son rapport et, comme il ne s'agit que de la pêche du corail, de conventions, de traités et autres choses semblables, le secret professionnel ne sera point violé.

— Alors c'est décidé quand même? Vous voulez passer outre?

— Oui, oui, mille fois oui.

— A quelle heure partons-nous?

— Minuit et demi.

— M. et Mme X... en sont-ils toujours?

— Certes!

Nous étions dans la cour de l'écurie, où j'inspectais les chevaux avant de désigner ceux que nous monterions.

— Madame, me dit Ali, Holopherne est malade; il est impossible de le faire sortir cette nuit.

— Tant pis! Tu prendras Athos.

Kemoun et Ali se regardèrent stupéfaits.

Athos, le demi-dieu de l'écurie! l'étalon de race à peau si fine que sa robe blanche semblait moirée de rose! Athos aux jambes de gazelle, à la crinière et à la queue argentées! Athos, le cheval de parade du kébir!

— Mais, madame, objecta l'interprète, vous férez chasser Ali.

— Je ne le crois pas. Au surplus, vous avez raison: montez Athos, vous.

— Moi! oh! non. Donnez-moi l'alezan.

— Soit, mais Ali prendra Athos. Je le veux.

Sur ces entrefaites, le domestique de Mme X... se présenta: ses maîtres se faisaient excuser; ils renonçaient à la partie.

— Eh bien, tant mieux ! m'écriai-je quand cet homme se fut retiré : Mme X... eût été un embarras. Nous marcherons mieux et plus vite.

— Ils auront eu peur de désobéir aux ordres du commandant.

— Peur du commandant, peur des Khoumirs, peur de tout, dis-je impatientée.

Autre message. Cette fois, c'est la dépêche.

— Qu'on la porte dans le cabinet de M. Paul !

M. Paul est le secrétaire du commissariat. Il ne l'habite point. Les bureaux sont fermés et ne se rouvriront que le lendemain à huit heures. Nous avons de la marge.

On dîne silencieusement ; le kébir pense à son rapport, moi à mon équipée. Pourvu qu'il ne survienne plus rien ! Mais non, le repas s'achève paisiblement. Nous remontons, et, toute la soirée, dans un recueillement studieux, j'écoute la lecture du rapport sur la pêche du corail, ses origines, son rendement, le nombre de bateaux qu'on y emploie, etc., etc. Vers dix heures, je me retire.

Minuit ! Je n'ai pas dormi. Je saute de mon lit ; je m'habille à la hâte et je descends. Les chevaux sont sellés. De la cour je vois une lumière briller chez l'interprète.

— Ali, va lui dire de se dépêcher.

Ils reviennent ensemble.

Je suis en habit de cheval, un feutre à longue

plume blanche sur la tête, mon poignard à la ceinture, mes pistolets dans une *djebirah* au pommeau de ma selle.

Kemoun m'examine :

— Pas de chapeau, madame : une simple casquette plate vaut mieux. Point d'armes, et surtout point d'armes apparentes. Pas de montre non plus, mais votre grand burnous blanc pour jeter au besoin sur votre amazone. D'ailleurs, au point du jour, il fera froid.

Le langage d'augure de Kemoun m'amuse toujours ; cependant je remonte pour rectifier mon costume d'après ses indications.

Je redescends. La demie sonne. En selle ! Nous partons. Sans échanger un mot, nous arrivons à la porte de la ville. Elle est fermée ; je ne l'avais pas prévu.

— Le mot d'ordre !

— Nous n'avons pas le mot d'ordre, me murmure à l'oreille Kemoun : on va nous refuser l'ouverture.

Échouer au dernier moment, après tant de vicissitudes, non, c'est impossible ! Je paierai d'audace. Il faut parlementer avec le sergent du poste. On l'appelle ; il accourt.

— Monsieur le sergent, vous ne me connaissez pas sans doute. Je suis Mme de Voisins. Voulez-vous avoir l'obligeance de nous ouvrir ?

— A l'instant, madame.

Il va chercher ses clefs; elles me paraissent monstrueuses. Un soldat est avec le sergent et porte une grosse lanterne allumée ; il l'élève à la hauteur de la serrure. Le pêne glisse, les gonds crient, la porte est ouverte. Nous passons.

— Merci, sergent.

— A vos ordres, madame.

— Celui-là est sûr de son affaire, ricane Kemoun ; demain, au *clou*, il méditera à loisir sur la manière dont se gardent les places de guerre et sur le danger d'en donner l'ouverture aux femmes, et même aux femmes de fonctionnaires qui n'ont pas le mot d'ordre.

— Bah ! on ne le saura pas.

— Vous pensez? Eh bien, c'est une erreur ; le pauvre diable va écrire sur le livre du poste : « A minuit et demi, donné l'ouverture à Mme de Voisins et deux personnes. » Cette note passera sous les yeux du commandant de place, et.....

— Cela fera une jolie histoire ! Et le sergent sera puni, vous croyez?

— Parbleu !

— J'irai demander sa grâce au commandant de place.

— Ce sera bien le moins.

Pendant ce colloque, et à une allure modérée, par prudence, nous avons franchi la plage et le dernier poste. Nous voilà libres.

— Et maintenant, *yallah! yallah! mâttète Aïcha.*

Je répète ces mots que j'ai entendus souvent, dont je connais la valeur, si j'en ignore la signification exacte, et qui peuvent se traduire par cette phrase : « En avant ! en avant ! Aïcha est morte. » C'est la formule usitée par les chefs arabes lorsqu'ils confient à un cavalier un pressant message. Elle équivant à l'ordre le plus formel de ne pas perdre une seconde avant d'avoir rempli sa mission.

Malgré la nuit, nous brûlons littéralement l'espace et ce n'est qu'à environ six kilomètres de La Calle, près du Tonga, que, sûre de n'être ni poursuivie ni rappelée, je prends une allure plus calme et dis à Kemoun :

— Pourriez-vous m'expliquer l'origine de *mâttète Aïcha ?*

— Je n'en sais pas le premier mot.

— Et toi, Ali ?

— Moi non plus. Ça se savait dans « les temps », sans doute ; à présent, l'ignorance l'a fait oublier ; mais c'est bien sûr de la femme du Prophète, — que son nom soit béni ! — qu'il doit s'agir.

Et moi de répondre gravement, selon l'usage musulman :

— *Allah ybareck !* (Dieu bénisse !)

Nous reprenons vivement le trot. Au Tonga, nous trouvons l'escorte demandée au kaïd : une douzaine de cavaliers.

— Vous avez bien fait de nous attendre, leur dit Kemoun : du diable si j'eusse retrouvé le chemin par une nuit pareille! Où est le kaïd?

— Là-bas, depuis hier soir.

Les cavaliers se rangent en escorte, six devant nous, six en arrière, et nous continuons à marcher dans l'obscurité.

Cependant nous laissons à droite le lac Tonga en nous élevant sur la gauche montueuse, d'où je vois un très bel et très mélancolique effet de paysage nocturne. Le lac est situé au fond de la vallée, devant une haute colline boisée qui continue la forêt. La lune, dans son dernier quartier, projette ses rayons discrets sur les eaux et sur la pente du coteau partiellement éclairé de reflets blondissants et argentés. Tout ce qui est dans l'ombre se détache en masses noires qu'égaient les coupures claires d'un bout de rocher nu, sous l'azur sombre du ciel.

Nous montons, puis nous redescendons dans des dunes. On arrive auprès d'une rivière ; un nuage passe sur la lune et nous dérobe la vue du gué : il faut attendre.

Là, dans une immobilité forcée, nous entendons à distance les pas d'une troupe de chevaux.

— Il y en a d'autres que nous qui sont en route pour l'ouadda, fait observer Ali.

Une bande de chacals traverse, en miaulant, un sentier, un peu au-dessus de nous. Le rauque gémissement de l'hyène leur répond.

— Où vont ces satanés rôdeurs ? fait Kemoun.

— Ils fuient le « seigneur à grosse tête », répond un des cavaliers. Écoutez !

Un rugissement sourd, formidable, retentit au loin ; un silence complet lui succède, les chacals et l'hyène se taisent. Tous les murmures du bois, bruissements d'insectes, appels des oiseaux de nuit, ont cessé.

— Il cherche sa lionne, dit tout bas, comme s'il redoutait d'être entendu du sultan des broussailles, un autre Arabe.

— Non pas, réplique un troisième ; il vient d'enlever un bœuf dans une tribu par là et appelle son « épouse » pour lui offrir sa part du festin.

— Avez-vous peur ? me demanda à demi-voix et avec un accent narquois Kemoun.

— Peut-être moins que vous.

La lune se découvre, et sur la face blafarde de mon compagnon je vois se dessiner le rictus silencieux qui m'agace toujours. Pourtant je ne suis pas rassurée, mais je préférerais être dévorée vive plutôt que de trahir ma faiblesse.

— Nous n'avons rien à craindre, réplique Ali, le « seigneur » est à plus de deux lieues d'ici ; sa « femme » lui a répondu ; ils sont en train de se repaître.

Un des hommes explore le gué et arrive à l'autre rive. Un second le suit. L'eau est haute et bruit, fendue par le poids des chevaux. Je relève la traîne de ma longue jupe pour entrer à mon tour dans le lit de la rivière, flanquée à droite et à gauche d'un des goumiers du kaïd, qui se sont immédiatement placés auprès de moi, sans mot dire, pour veiller à ma sûreté.

Sebagh n'est pas très grand ; sa taille ne dépasse point 1 mètre 48 ; l'eau lui monte jusque sous le ventre, lui bat les flancs, et j'ai dû soulever le sabot de l'étrier en repliant la jambe pour ne point me mouiller le pied.

Nous voilà sains et saufs sur l'autre bord. Les chevaux se secouent pour se sécher et hennissent de contentement. Il commence à faire froid. La lueur grise du crépuscule matinal blanchit l'horizon.

Nous arrivons sur le territoire du Djebel-Addada (1), où nous pénétrons dans un défilé étroit et montueux. Nous nous engageons avec précaution sur une corniche en saillie sinueuse, accrochée au flanc du rocher, en face d'un autre rocher, séparé de celui que nous côtoyons par une convulsion de la nature qui les a pour ainsi dire dessoudés en creusant entre eux un ravin ou plutôt un abîme d'une centaine de mètres, au fond duquel court un clair ruisseau sur des blocs de pierre, parmi des

(1) Montagne de fer.

végétations luxuriantes, acanthes monstrueuses, capillaires touffus, fucus gigantesques. Un petit buisson de roses des Alpes, suspendu sur le précipice, étale ses disques rosés à quinze pas au-dessous de moi. Des oiseaux de proie éveillés par les sonorités du pas de nos chevaux volent, tournoient de tous côtés en jetant des cris lugubres. Au-dessus de nous, la masse rocheuse, à peine interrompue par une mince brisure, forme comme une voûte d'où se tamise parcimonieusement la lumière du jour naissant.

— Attention ! dit Kemoun, et gare aux faux pas ! Quelle infernale route ces goumiers nous ont-ils fait prendre !

— C'est la plus courte, réplique Ali.

— Le kaïd nous a affirmé que la « dame » ne craint rien, répond un des cavaliers.

L'affirmation me paraît hasardée en ce moment où je ne juge point la position très rassurante, surtout pour moi, par la manière dont je suis assise en selle. Quant aux hommes, c'est autre chose : une jambe de-ci, une jambe de-là, ils se meuvent moins difficilement. A chaque instant mon côté droit effleure la paroi du roc, tandis qu'à gauche je surplombe l'abîme où mes yeux plongent malgré moi, et je dois me serrer, me pelotonner, me rapetisser pour éviter une chute mortelle.

Nos chevaux trouvent à peine la surface voulue pour y poser leurs sabots ; si quelqu'un d'eux était pris de velléités de révolte, s'il se cabrait seulement, si nous allions rencontrer une autre troupe venant en sens inverse, c'en serait fait de nous. Mais non, nos bêtes marchent avec prudence et docilité, et, en tête de notre colonne, un des cavaliers, qui s'est attribué le rôle de *zagui el goum* (1), chante d'une voix gutturale et forte une mélopée étrange, entrecoupée de cris aigus et stridents qui nous assurent un libre accès sur tout le parcours du défilé.

Le défilé est franchi. Un large plateau s'ouvre devant nous et domine les sites environnants. Au loin, à l'orient, vers lequel nous marchons, la grande chaîne de Djebel-Addada ferme l'horizon en une masse bleuissante; de ses crêtes dentelées émergent des lueurs encore indécises et adoucies; l'azur céleste se déteint en nuées floconneuses à peine irisées d'aurore, tandis qu'au couchant de rouges clartés s'amoncellent et se précisent. A gauche, la mer, glauque près du rivage, est couverte au large d'une vapeur transparente à la surface, plus opaque à l'extrême lointain, où elle se confond avec lès nuages qu'elle reflète. A droite, le

---

(1) La charge de zagui el goum est de guider la colonne, d'écarter d'elle le danger, d'exciter ou de modérer l'ardeur des chevaux à l'aide de certaines modulations de la voix qu'ils comprennent à merveille.

plateau s'abaisse pour montrer des échappées de vallons, des massifs, de grands arbres et un fond de collines vertes, enveloppées de buées légères qui, se dégageant par intervalles, ouvrent des clairières sur la profondeur des bois.

Tout à coup une ligne d'or en fusion couronne la montagne, poussant des coulées incandescentes dans les échancrures des rochers. Du centre de ces ondes de lumière, dans un ruissellement de clartés, apparaît le bord d'un disque de feu ; il monte rapidement, déchirant la nue, escorté de son flamboyant cortège de rayons dont les irradiations embrasent l'étendue. Le voilà tout entier dans sa gloire, l'astre souverain qui réveille et vivifie la nature ensommeillée ; les oiseaux chantent l'hosannah matinal ; les insectes bruissent doucement dans les herbes ; l'espace retentit de murmures, d'appels, de fanfares. Il fait jour.

Les goumiers et Ali ont mis pied à terre ; ils se prosternent, la face vers l'Orient, et font la prière de l'aube. Ce spectacle a bien sa grandeur.

Enthousiasmée du panorama qui se déroule à mes yeux ravis, émue de l'harmonie infinie des choses, perdue dans une extatique rêverie, je suis prête à pleurer.

— Une cigarette ? Rien n'est meilleur en plein air le matin, me dit Kemoun en me l'offrant.

Le charme est déjà rompu par cette évocation

de mon vice favori. Contrariée, je prends la cigarette en grognant.

— Il y a, dis-je, quelque chose de meilleur encore, à votre avis.

— Quoi donc ?

— Une bonne petite pipe de haschich.

— Chut ! fait-il confus ; si ces gens vous entendaient, ils n'auraient plus pour moi la moindre considération.

Nous commençons à redescendre ; la végétation devient rare ; du diss, de l'alfa, quelques maigres palmiers nains, des cactus, des aloès, entourent un misérable douar d'une vingtaine de tentes. Nous le côtoyons ; une foule de chiens se rue des ouvertures de la haie vive et vient nous japper aux jambes ; mais, dit le proverbe arabe, « les chiens aboient et la caravane passe. » Nous passons.

Une lande, une véritable mer de sable traversée d'un mince filet d'eau, un monticule de ce même sable ténu, dans lequel nos chevaux enfoncent jusqu'au jarret, et nous sommes à R'um-el-Souck.

— *Ellam doul illah* (1) ! s'écria le zagui el goum en arrivant au sommet du monticule.

Nous nous arrêtons pour contempler l'étrange

(1) Dieu soit loué. Louange à Dieu.

panorama qui se déroule à nos pieds. Je ne distingue d'abord qu'un immense fouillis de canons de fusils brillant, scintillant au soleil, de burnous blancs et de têtes rondes sous le haïk et la corde de chameau.

— Ils sont au moins trois mille armés jusqu'aux dents, me dit Kemoun : c'est effrayant; si vous le voulez, nous pouvons encore filer, ils ne nous ont pas aperçus.

— Filer ! suis-je venue pour cela ?

Cette réponse est faite d'une voix sèche, car je ne peux me le dissimuler, j'ai un peu peur, et ce serait à croire que ce maudit Kemoun le devine.

Mes yeux s'accoutument à distinguer les objets et les choses, et voici ce qu'ils voient :

Au centre d'une vallée à demi circonscrite par un large ruisseau bordé d'yeuses, de saules, de lauriers-roses, de tamarix et de trembles, s'élève la koubba du saint marabout sidi Yaya-ben-Mohamed, toute blanche et pavoisée d'étendards ; ce sont : le drapeau vert au double glaive d'argent des sectateurs d'Ali ; la flamme verte et rouge de Tunis ; le pavillon jaune, rouge et vert du Maroc, au croissant blanc ; les bannières des principales tribus représentées à la fête ; le fanion khoumir, avec sa queue de cheval à la hampe, comme celui du sultan de Constantinople. Un groupe de palmiers les domine, et ses hautes colonnettes d'un seul jet, ses majestueux panaches à la cime orgueilleuse semblent fiers de monter si près du ciel. Dans un espace réservé autour de la koubba, des hommes prient agenouillés, et une espèce de hérault agite une banderole en criant : « Accourez, fils d'Adam de tous les pays qui appartenez à l'islam ; venez honorer la mémoire du saint, du chéri, du bien-aimé de Dieu et du Prophète, — qu'il soit glorifié ! — sidi Yaya-ben-Mohamed. Aman pour tous les croyants. »

La foule se presse autour des tentes des marchands, placés en cercle dans le pourtour interne du ruisseau. Des groupes de femmes accroupies sur le sol jasent et gesticulent. A l'ombre de massifs d'arbres, des troupes de chevaux non dessellés, mais débridés, des mulets, des ânes broutent, tête baissée, une jambe au piquet. Des chameaux, assis en rond, ruminent gravement, et de toute cette foule, gens et bêtes, s'élèvent des cris et des clameurs.

— N'est-ce pas curieux ? me demande Kemoun.

— Étrange, au moins.

Un des goumiers s'est détaché pour prévenir le kaïd, qui vient à notre rencontre et me souhaite la bienvenue. Comme nous nous remettons en marche pour descendre vers la vallée, l'interprète m'engage à couvrir ma casquette noire du capuchon de mon burnous.

— Vous serez moins remarquée ainsi, dit-il.

Djab-Allah m'emmène à son campement et m'aide à mettre pied à terre. Puis, avant tout, on me conduit au café improvisé par les gens du kaïd sous un couvert touffu.

Des tapis sont étendus sur le sol ; le *cavvadji* est là avec ses tasses, ses cafetières, ses plateaux, ses pipes bourrées. Dans un coin, trois pierres rapprochées forment un réchaud primitif sur lequel bout le moka.

Je suis mal à l'aise ; j'ai faim, et j'avale de nombreuses tasses de café en fumant des cigarettes. Au moment où nous nous disposons à visiter le champ de foire, j'aperçois à deux pas un de nos intimes, le lieutenant de tirailleurs indigènes Otman, beau Kabyle, blond comme un Flamand, distingué, aimable et parlant français sans accent et en Parisien. Pris du désir de voir l'ouadda, il a obtenu une permission pour se rendre chez Djab-Allah ; là, il a quitté son uniforme, s'est déguisé en Arabe et, de même que moi, a déserté à l'ennemi, dit-il en riant.

Il me demande l'autorisation de se joindre à mon escorte, et nous voilà parcourant le champ de foire, où je suis l'unique représentante de l'Europe, de la France, du monde civilisé.

— Je doute que jamais chrétien ou chrétienne autre que vous ait foulé ce sol, me dit Otman ; vous devez en être fière.

— Eh bien, oui ! Je l'avoue, j'éprouverais un

certain orgueil à le penser; mais, au moyen âge, une comtesse française dont j'ai oublié le nom a régné pendant quelque temps sur Tunis. Il y a même une bien jolie histoire d'amour à son sujet. Le troubadour Rudel, de Bordeaux, ayant vu son portrait, en devint follement amoureux; il s'embarqua pour Tunis, et quand il arriva au port, comme il était mourant et que la comtesse savait ce qu'il avait fait pour elle, elle vint sur le vaisseau consoler l'agonie du pauvre troubadour. Qui sait si cette souveraine n'a point passé par ici? Qui sait si, lorsqu'une Compagnie marseillaise avait un comptoir au Bastion et à La Calle, quelque captive chrétienne n'a point été entraînée dans ces parages?

Nous devenons pensifs; mais tout va bien. On n'a pas fait encore attention à nous, et nous faisons paisiblement le tour des boutiques où s'étalent les produits de l'Est et du Sud. Des tapis d'Ouergla, des nattes du M'zab, des plumes, des œufs d'autruche et des étoffes de Tunis me tentent.

— N'achetez rien, me dit Otman; il ne faut pas que l'on voie d'argent dans vos mains.

Il y a là pourtant et surtout des burnous de Djerba fins et brillants, de ces belles soieries de Brousse qui semblent tissées d'ailes d'abeille et mille objets qui me font envie.

— Vous n'avez qu'à désigner au kaïd les emplettes que vous voulez faire, murmure Kemoun.

— Je ne le peux pas : il ne me permettrait point de les lui rembourser.

— C'est vrai, je n'y pensais pas.

Un peu plus loin, de superbes chevaux s'offrent à notre admiration.

— Y en a-t-il là-dedans qui ont été volés au haras du bey ! s'exclame Kemoun.

Nous tombons sur un clan de Khoumirs à l'air important. Dame ! Ils sont ici chez eux, sur leur territoire. Tous les autres Arabes présents ne sont que des *berranis* (étrangers).

Je viens, sans le vouloir, de commettre une insigne imprudence, une maladresse inouïe : ma casquette est tombée, entraînant en arrière le capuchon de mon burnous, et j'ai voulu le relever de ma main gantée de noir.

— Oh ! oh ! fait une Khoumire, qui est cette femme ? Visage blanc, mains de négresse ; ce n'est point une croyante.

Elles m'entourent. Quelques-unes, très jeunes, sont bien faites et jolies, leurs traits élégants même, leurs attaches fines ; mais quelle couleur ! Une patine de bronze ! Elles sont vêtues comme les Arabes des autres tribus de l'Est : une chemise de cotonnade à larges manches leur descend jusqu'aux genoux, retenue par une ceinture de laine rouge ; une longue pièce d'étoffe de laine blanche les entoure, assez bien drapée, et s'enroule par une extrémité autour de la tête, sous une corde de chameau.

— Qui es-tu? me demande une vieille.

— Française et chrétienne.

— Que viens-tu faire ici?

— M'instruire et voir si les femmes khoumires sont hospitalières comme on le dit.

Elles rient visiblement flattées.

— Pourquoi ton visage est-il si blanc, — notez que j'ai toujours été très brune, — et tes mains « négresses » ?

Je défais complaisamment un de mes gants.

— Admirable! s'écrient-elles; la chrétienne s'enlève la peau!

— Mais non, mais non!

Et en riant, car elles ne me paraissent point hostiles, je cherche à leur expliquer que leur beau soleil nécessite l'emploi du gant pour une indigne telle que moi.

— Il n'y a donc pas de soleil dans ton pays?

— Si, mais il est moins chaud.

— Alors c'en est un autre... Admirable! étonnant!

Ce colloque ennuie mes compagnons. Djab-Allah redoute de la part de ces créatures des indiscrétions qui pourraient dégénérer en injures et provoquer un conflit.

— Allons-nous-en, dit-il.

Des hommes se sont joints aux femmes, et ces mots : « Une chrétienne! une chrétienne! » circulent de tous côtés. On me presse, on m'entoure. Un Touareg colossal, le visage masqué d'un morceau d'étoffe bleue, comme ils l'ont toujours, le yatagan rivé au poignet, la lance en main, le bouclier au bras, se penche pour m'examiner bien en face.

— Puisque tu te caches, pourquoi me regardes-tu de si près? lui dis-je ; les créatures de Dieu, si leur conscience est pure, ne se voilent point la face devant leurs semblables.

— Étonnant! disent les Arabes; elle parle en croyante, cette roumiah (1).

Le lieutenant, le kaïd, Kemoun et Ali m'entourent. Nous voulons faire quelques pas. Impossible.

— Voyons, dit en se plaçant devant moi Djab-Allah qui vient de parler bas à Ali, place au kaïd Djab-Allah!

Otman se tient à ma droite, Kemoun à ma gauche. Ali s'est éclipsé.

Nous avançons encore, mais nous sommes pressés de nouveau et mes compagnons paraissent inquiets.

---

(1) *Rouni*, chrétien. *Roumiah*, chrétienne.

Tout à coup nous entendons crier :

— La fantasia! la fantasia! En selle tous les cavaliers!

On se disperse; mais un Khoumir fait cette motion :

— La fantasia devant la chrétienne!

Mes gardes du corps se consultent du regard.

— Soit! répond le kaïd élevant la voix; cette chrétienne est la femme d'un de mes amis, d'un homme qui fait le bien aux musulmans. Elle est sous ma protection, et, si un cheveu de sa tête recevait un affront, la poudre prendrait la parole. J'ai avec moi cinq cents goumiers; plus, les Oulad-Diab et les Beni-Sabrac.

On nous fait place, ou plutôt on nous pousse vers le champ de course. C'est un vaste terrain plat à l'extrémité duquel se trouve un monticule en manière de tribune. On m'y place au premier rang, et en arrière se tient mon petit groupe d'état-major. Les femmes arabes occupent les deux côtés de l'arène du haut de laquelle s'élancent à fond de train, en exécutant des tours de voltige équestre, une douzaine de cavaliers de front. Arrivés au bas du monticule, ils déchargent avec ensemble leurs armes à nos pieds et si près de nous, que je redoute d'avoir le visage brûlé par la poudre. Je ne suis pas exempte d'autres craintes, je sais que dans ces sortes de joutes presque toujours se renouvelle l'incident d'une carabine ou d'un fusil chargé à balle par mégarde, et qui tue cependant, avec une précision, dit-on, bien étrange l'ennemi de celui qui prétend n'avoir péché que par oubli. Je ne peux avoir d'ennemis personnels parmi ces gens-là, mais l'inimitié de race subsiste entre eux et moi, et, n'étant pas de la religion de l'islam, la trêve, l'armistice qui existe pour tous dans ce lieu saint ne me protège point. Du bout de ma cravache je relève les canons de fusil dont le contact me paraît trop immédiat, et je feins la plus complète indifférence et la plus entière sécurité.

Aux premiers cavaliers d'autres ont succédé sans intervalle ; les détonatious ne discontinuent point. Les cris enthousiastes des femmes se mêlent à ceux des jouteurs. Les larges étriers de métal heurtés par les longs éperons rendent des cliquetis aigus ; c'est un tapage infernal.

Ces hommes, les uns debout sur leurs selles constellées de broderies d'or, les autres couchés en avant, en arrière, renversés sur les flancs des chevaux, ont une expression d'énergie exaltée, sauvage, extraordinaire.

Le calme de cette belle vallée au pied de ces hautes montagnes du Djebel-Addada si imposantes dans leur majesté tranquille, la lumière intense de la dixième heure du jour sur les herbes de la prairie, qui semblent lassées et s'inclinent comme pour le repos, produisent un contraste curieux avec cette agitation humaine diabolique ; c'est étrange, fantastique. On croirait assister à un Valpurgis diurne.

Parmi les chevaux qui se distinguent par leur fierté, leur allure superbe et leur vitesse, ô disgrâce! je reconnais Athos, monté par un véritable enragé qui ne le ménage pas et lui fait exécuter prodiges; mais les flancs du bel animal saignent, de réels déchirés par les longs et aigus éperons arabes...

Consternée, j'interpelle Ali :

— Misérable! qu'as-tu fait? Que dira le kébir? Athos!

— Madame, je le menais boire; ils me l'ont demandé; si je l'avais refusé, ils me l'auraient pris de force.

— Je vais le faire rendre, dit le kaïd.

Il appela un de ses hommes, son intendant, je suppose, et presque aussitôt le pauvre Athos disparut de la mêlée, qui, d'ailleurs, touchait à sa fin, cavaliers et chevaux étant épuisés.

Il nous fallait encore retraverser le champ de foire pour retourner au campement de Djab-Allah. A peine avions-nous fait quelques pas dans cette direction que nous fûmes entourés de nouveau par la foule, composée cette fois, au dire de Kemoun, presque exclusivement de Khoumirs. Elle s'écarta cependant pour livrer passage à un brigadier et à quatre cavaliers de l'escadron de spahis de La Calle, qui arrivaient, bride abattue, me cherchant.

Le brigadier me remit un pli cacheté. En reconnaissant l'écriture je me troublai, et pourtant je me hâtai de briser le cachet et de lire.

— Allah! cette chrétienne sait lire! C'est une savante, murmuraient les Khoumirs.

— Elle le feint, répliqua un sceptique.

Non, je ne feignais rien, et il fallait que le kébir fût bien irrité pour m'écrire ainsi :

« Madame, vous m'avez trompé : vous êtes partie seule, je viens d'apercevoir Mme X... à sa fenêtre. Vous avez enfreint la défense du commandant supérieur, furieux de votre incartade, qui pourrait me coûter cher et à vous aussi. Le chef du bureau arabe envoie à votre recherche un brigadier de spahis et quatre hommes; Dieu fasse qu'ils ne soient point massacrés avec vous! »

— Qu'y a-t-il sur ce papier? me demanda un des Khoumirs en posant le bout de son index long et noir sur la lettre que je tenais des deux mains.

Je ne voulais point essuyer la honte d'être ramenée à la ville par la force armée; d'ailleurs, que pourraient ces quatre hommes, Kemoun, Ali et même le lieutenant, contre une embuscade de Khoumirs, s'il plaisait à ceux-ci de filer avant nous et de nous attendre dans un endroit propice? N'était-ce point une folie de les tenter, et n'étais-je pas plus en sûreté parmi les gens de Djab-Allah? Et puisque j'étais si durement traitée par le kébir, je braverais tout et subirais les conséquences de ma faute...

Relevant effrontément la tête et regardant en face ces Khoumirs à la physionomie sauvage et malveillante, groupés autour de moi, je leurs répondis avec une audace qui me surprend aujourd'hui :

— Il y a que l'on me dit que vous pourriez bien me couper la tête, et l'on me donne l'ordre de partir immédiatement avec les spahis.

— Et que vas-tu faire?

— Renvoyer les spahis et rester jusqu'à la fin de la fête. Je suis sous la sauvegarde de sidi Yaya-ben-Mohamed et j'ai confiance en vous.

— Bravo ! bravo, la chrétienne ! s'écrièrent-ils ; tu as raison. *Baracka!* (Bénédiction !)

— Et pourtant, madame, objecta le brigadier, mes instructions sont positives... Je dois vous ramener.

— Vous ne voulez ni employer la force, ni me garrotter, je pense ?

— Quant à cela, non, dit-il en riant.

Il redevint sérieux et continua :

— Votre interprète et le kaïd témoigneront que j'ai fait mon possible...

— J'en témoignerai moi-même, monsieur.

Il me fit le salut militaire, et, s'adressant à ses hommes, qui, de même que lui, avaient mis pied à terre et tenaient leurs chevaux en main :

— En selle, vous autres, et vivement !

Ils repartirent au galop et nous les vîmes disparaître sur le plateau sablonneux.

Les Khoumirs, humanisés, nous escortèrent jusqu'au campement de Djab-Allah sans manifestations hostiles.

— J'admire votre vaillance, me dit Otman.

— Bah ! on est brave quelquefois par excès de poltronnerie.

— C'est un paradoxe.

— Pas autant que vous le croyez.

Un instant après nous étions assis en rond, à l'ombre d'un énorme caroubier, sur des tapis, autour de la *diffa*, repas d'honneur que nous offrait le kaïd, mangeant tous de grand appétit malgré les incidents de la matinée. La jeunesse, la santé et la bonne humeur ne perdent jamais leurs droits.

Un *couscous* fumant fort assaisonné ; une demi-douzaine de poulets sur une sauce rouge de poivre de Cayenne, dans de grands récipients vernissés ; des amphores pleines d'eau fraîche et de lait aigre ; de monstrueuses pastèques à l'écorce verte, au cœur rose, aux pépins noirs ; une salade de concombres, de tomates, de piments, nageant dans l'huile ; des aubergines frites ; des amas de raisins aux grains couleur de miel et gros comme des prunes mirabelles ; des figues fraîches, s'étalaient devant nous, accompagnés de galettes de feuilleté au beurre, de pâtisseries et de sucreries variées.

Le kaïd avait grandement fait les choses ; c'était

un des plus riches seigneurs de la contrée, et, depuis l'avant-veille, il faisait ses préparatifs pour me recevoir ; mais la pièce d'apparat n'était point arrivée encore. On l'apporta bientôt : c'était le mouton traditionnel, rôti en plein air, à une broche primitive. Deux grosses branches d'arbre fourchues sont fichées en terre ; le mouton, embroché dans toute sa longueur à un jeune arbre très droit dont les extrémités reposent sur les fourches, est exposé à un feu vif et clair, et cuit ainsi. On le déposa sur un large tapis circulaire en cuir de bœuf, et il fut débroché séance tenante ; après quoi le kaïd, pinçant le filet avec ses ongles, le détacha dextrement de l'échine et me l'offrit.

Au fait des bienséances indigènes, je devais accepter et m'exécuter ; je ne bronchai donc point, mais mes voisins de droite et de gauche Otman et Kemoun, auxquels j'adressai des regards significatifs, me suppléèrent dans une tâche à laquelle j'eusse assurément failli.

Toujours grave et impassible comme un sacrificateur antique, Djab-Allah, s'emparant d'un couteau, pratiqua dans l'abdomen rebondi et soigneusement recousu du mouton une large ouverture par laquelle s'échappa une formidable avalanche de perdrix et de cailles farcies, un godiveau au riz, au safran et au blanc de poulet, qui fut très goûté.

Quelques Khoumirs, debout, assistaient passifs et envieux au festin.

— Et pourtant, dit sans se gêner l'un d'eux, si cette chrétienne était enlevée, emmenée dans les montagnes, quelle belle rançon ! Pour l'entourer de tant de soins et de respects, il faut que ce soit une personne d'importance ; on paierait cher pour la ravoir !

Le regard consterné du kaïd glissa sur nous :

— L'ouadda est terminée, fit-il à demi-voix ; ces brutes nous ennuieront jusqu'au bout.

— C'est l'effet produit par la vue de la diffa que tu nous as si largement offerte, kaïd, répondis-je en souriant.

— Peut-être, reprit-il ; malheureusement une idée mauvaise se féconde vite dans le cerveau de ces bêtes mobiles... Il faut partir.

— Il n'est que temps, réplique doucement Kemoun, et j'ai fait seller les chevaux.

— Oui, mais comment nous en aller sans éveiller l'attention ? murmure Otman : ils ont les yeux sur nous.

— C'est bien facile, repartit Djab-Allah en jetant un coup d'œil malicieux sur les reliefs énormes de notre repas ; vous allez voir.

Il appela son intendant :

— Fais apporter, lui dit-il, un grand plat du couscous des goumiers et une moitié de bœuf.

Cet ordre exécuté promptement, le kaïd, s'adressant aux Khoumirs, cria d'une voix forte :

— Mes amis, mes frères, mes cousins, que ceux qui ont faim se rassasient ! Cette nourriture est pour vous !

Des clameurs de joie, une bousculade, des rixes entre Khoumirs pour envahir la place et s'emparer des victuailles éparses sur le sol, nous permirent de nous éclipser sans éveiller l'attention.

Arrivés sous le couvert où attendaient les chevaux, Djab-Allah, triomphant, s'écria :

— En route, et que cinquante goumiers de bonne volonté nous suivent ! Les autres rejoindront.

Il en demandait cinquante, nous en eûmes cent, et en un clin d'œil nous fûmes hors de la portée de ces démons. Un instant après, passant par un autre chemin que celui des sables, du haut d'une colline où nous nous arrêtâmes, nous aperçûmes le surplus des goumiers nous rejoignant, les marchands repliant en hâte leurs bagages et leurs tentes, et, en dehors de l'enceinte du marabout, une effroyable mêlée d'hommes et de chevaux.

— Ils vont se battre ! dit Otman.

Un faible nuage de fumée s'éleva, suivi d'une détonation multipliée par les échos des montagnes ; alors les coups de feu se succédèrent sans interruption. Des clameurs de haine, les cris d'effroi des femmes montèrent jusqu'à nous, et les combattants se ruèrent dans un choc sinistre.

— Ça finit toujours comme ça, dit placidement Kemoun ; nous avons été bien avisés de ne pas attendre davantage.

— *Yallah! yallah!* s'écria le kaïd comme les goumiers arrivaient, *yalla! mâttète Aïcha!*

Et la caravane, s'ébranlant tout entière, fila au galop en descendant la pente ouest de la colline.

VIII

On s'occupait alors beaucoup, à La Calle, d'un bandit khoumir nommé Abd-el-Kader-ben-S'lémah (1). La plupart des méfaits et des crimes commis sur le territoire du cercle lui étaient attribués. Un enlèvement avait-il lieu, un colon était-il trouvé assassiné, un troupeau volé, une ferme mise au pillage, sans enquête, sans rechercher les coupables, on disait : C'est Abd-el-Kader-ben-S'lémah qui a fait le coup. Et l'assertion paraissait sans

(1) L'esclave du Tout-Puissant, fils du salut.

réplique. L'influence du Khoumir sur son clan était, on l'assurait du moins, mieux assise que celle du chérif de La Mecque sur le monde de l'islam, et, bien que sa tête fût mise à prix par l'autorité militaire, on savait qu'en dépit de l'avidité des Arabes pour l'argent, jamais Ben-S'lémah ne serait dénoncé.

On citait des traits étranges et généreux de cet homme extraordinaire. Un jour, des gens de sa tribu ayant enlevé à une pauvre veuve maltaise, dans un gourbi, au milieu d'un jardin, à un kilomètre de la ville, trois chèvres, son unique fortune, Ben-S'lémah en personne les lui avait fait ramener et avait tancé les voleurs en présence même de la veuve. Il en fallait moins pour enflammer mon imagination et me donner le désir de voir le brigand. J'en parlai à Kemoun.

— Rien n'est plus facile, me répondit-il : Ben-S'lémah est un de mes amis ; il vient très fréquemment en ville ; avant-hier, il était chez moi.

— Comment ! Et s'il était reconnu, le malheureux ?

— Pas un Européen ne pourrait mettre un nom sur sa figure, et les Arabes se garderaient de le livrer ; mais vous le connaissez très bien.

— Moi ?

— Certainement. Vous souvenez-vous de cette promenade de l'hiver dernier où malgré mes observations, vous vous êtes obstinée à lancer votre cheval dans le lac Mélah, et où la pauvre bête, embourbée dans la vase, ne pouvait plus faire un mouvement sans s'enlizer davantage?... Deux Arabes qui passaient allèrent bravement à votre secours; vous devez vous rappeler celui qui vous enleva sur ses épaules et vous rapporta au rivage...

— Si vous croyez que je me suis amusée à le contempler...

— C'était Ben-S'lémah.

— Pourquoi ne me l'avez-vous pas dit?

— C'était inutile. Et c'est son beau-frère Mamoud qui a ramené votre cheval; c'était plus difficile que de vous rapporter.

— Écoutez, Kemoun, repris-je en lui posant la main sur le bras pour accentuer l'autorité de mes paroles; arrangez-vous comme vous le voudrez, mais je veux voir Abd-el-Kader-ben-S'lémah; amenez-le-moi, c'est le moins que je le remercie du service qu'il m'a rendu.

— Amenez-le-moi, amenez-le-moi, c'est facile à dire, reprit-il en ricanant selon son habitude; si je commettais une telle bévue, le kébir m'aurait bientôt donné congé, et si Ben-S'lémah, qui serait assez fou pour se rendre à votre invitation, était, par malchance, reconnu, arrêté chez le commissaire civil, quel scandale! C'est l'autorité militaire qui serait contente ! Non, non, c'est impossible !

— Tant pis ! Je veux le voir.

Quelques jours après, dans le cabinet même du kébir, Kemoun me fit un signe mystérieux et, m'attirant dans l'embrasure de la fenêtre, me dit confidentiellement :

— Ben-S'lémah est venu hier ; je lui ai fait votre commission ; il vous invite à déjeuner chez lui, demain. Il viendra au-devant de nous jusqu'à l'oued El-Hout (1). Mais aurez-vous le courage de sortir par un siroco tel que celui qui s'annonce ?

Je lui répondis par un regard dédaigneux et lui demandai l'heure à laquelle il faudrait partir.

Six heures ; en marchant bien, nous serons chez lui à huit heures et demie ; nous en repartirons vers dix heures et nous serons de retour ici avant midi. Si vous m'en croyez, ne vous faites accompagner que par moi. Ali est discret, mais, par vanterie, il jaserait peut-être, et si le commandant supérieur apprenait votre visite au Khoumir, il pourrait causer de sérieux ennuis au kébir... Pour tout le monde, même pour le kébir, vous faites une promenade ordinaire, rien de plus.

— Soit !

Le lendemain, nous prenions la route du Tonga,

---

(1) Rivière des poissons, rivière poissonneuse.

laissant cette fois le lac à notre gauche et gravissant la montagne à laquelle il confine. Vue ainsi de haut en bas, la vallée, que je connaissais bien pourtant, me parut encore plus charmante avec ses grands espaces verts, ses sables dorés, ses arbres aux frondaisons altières; mais la chaleur était excessive, un effroyable siroco nous enveloppa bientôt, soulevant des masses de poussière ténue qui nous entrait dans la bouche, le nez, les oreilles, les yeux, nous forçant à baisser les paupières et teintant d'une couleur rougeâtre uniforme le paysage et l'horizon. Le soleil même en était obscurci, et ses rayons perçaient à peine les nuées épaisses et lourdes dont nous étions environnés. Nos chevaux, inquiets, soufflaient bruyamment, et Kemoun prétendait que par un temps semblable les indigènes ne se risqueraient point à travers champs. Des craquements se produisaient de toutes parts dans les broussailles et parmi les branchages de la forêt.

— Ce sera heureux si le feu ne prend pas dans les feuilles sèches et le bois mort, fit observer Kemoun; la situation serait dépourvue de gaieté.

Nous étions contraints de marcher au pas dans les enchevêtrements de lianes qui obstruaient l'étroit sentier à peine tracé sur le vaste plateau. A tout instant il fallait se pencher sur l'encolure des chevaux afin d'éviter le contact brutal des branches projetées en avant et qui nous meurtrissaient le visage au moindre oubli de s'en garer. La forêt nous enserrait, fermant l'horizon, et nous ne voyions point à cinquante pas autour de nous. Tout à coup le sentier s'abaissa en une pente rapide, les futaies commencèrent à s'éclaircir, les arêtes vives des rochers se montrèrent de tous côtés, creusant entre eux des fossés et des ravins où le sentier se perdait sans laisser de trace appréciable; et cependant nous devions descendre là à pic, pour arriver à la rivière qui coulait en bas au fond d'une vallée et dont les méandres apparaissaient encaissés entre de hauts talus bordés de saules, de tamarix et de trembles.

Quand nous arrivâmes sur la rive, Kemoun jeta une exclamation énergique et impatiente.

— Je me suis trompé de route, ajouta-t-il; je ne reconnais pas le gué. Que faire?

— La rivière n'est pas bien large, nos chevaux sont sûrs; le mieux est de nous fier à eux, répondis-je.

— Peut-être! mais ici il ne s'agit pas de faire des folies; l'oued est profond; nous allons nager, vous serez toute mouillée...

— Et, par cette chaleur, promptement séchée, Allons!...

— Donnez-moi votre gibecière, reprit Kemoun; je tâcherai de la préserver; relevez la traîne de votre jupe et votre burnous. Je vais passer devant, suivez-moi bien, ne laissez point votre cheval dévier d'une ligne ; sa tête doit porter contre le courant, qu'il faut remonter; tenez-vous ferme. Prenez garde !

En parlant, il se passait autour du cou, en sautoir, ma gibecière dont il avait raccourci la courroie et qui lui pendait sur la poitrine à peu près comme une croix de commandeur. Cela lui donnait une physionomie si singulière, qu'en le regardant je me mis à rire.

— Allez, allez, fit-il en bougonnant, ce n'est pas toujours drôle d'être l'écuyer d'une dame comme vous.

Je m'abstins de relever ce trait d'humeur.

Nos chevaux, engagés dans la rivière, faisaient bouillonner l'eau autour d'eux.

Je n'imagine pas de sensation plus désagréable que celle que l'on éprouve assise sur un cheval à la nage. A chaque mouvement de celui-ci, on est séparée de la selle par l'eau qui vous soulève; on perd l'équilibre, et il semble que l'on va choir dans l'élément liquide, où l'on est attirée par un charme mêlé d'horreur. Ce charme, je le subissais, et, malgré mes efforts pour me maintenir d'aplomb, droite et rigide, m'inclinant tantôt d'un côté, tantôt de l'autre, oppressée, ne parlant plus, en proie à une fascination douloureuse, les yeux fixés à la surface glauque de la rivière, je me sentais près de glisser dans le courant, tandis que mon cheval,

Sebagh, à peine soutenu par une main mal assurée, commençait à se laisser aller à la dérive.

Surpris de mon silence, Kemoun se retourna. Le péril de ma situation lui fut révélé par ma pâleur.

— Regardez le rivage, les arbres, le ciel, me cria-t-il anxieux ; haut les yeux et haut la bride !

D'instinct, je suivis ses indications ; mes paupières se relevèrent et j'aperçus alors, longeant à toute vitesse la berge en face de nous, deux cavaliers arabes. Comme un double éclair ils passèrent à notre hauteur ; puis, un peu plus loin, à un endroit où le talus mesurait environ quatre mètres, ils lancèrent d'ensemble leurs chevaux dans la rivière, très profonde à cet endroit, et disparurent dans un tourbillon d'eau formidable, dont les éclaboussures me couvrirent tout entière. Cette aspersion en plein visage acheva de me rendre mon sang-froid et je me mis à examiner les cavaliers, dont le plus âgé, arrivant déjà auprès de moi, se plaçait à ma gauche, du côté de la descente du courant, me préservant ainsi de tout danger, tandis que le plus jeune, devançant Kemoun, remontait le cours de l'eau pour nous guider.

— Salut ! me dit en s'approchant mon nouveau compagnon.

— Salut ! répondis-je, soupçonnant à qui j'avais affaire.

Et pendant les deux ou trois minutes que nous passâmes encore à nager, il ne s'échangea plus un mot.

Soit indifférence, soit par une des taquineries dont il était coutumier, maître Kemoun ne se hâtait point de me nommer ceux qui venaient de se joindre à nous. Je regardais toujours à la dérobée celui que je supposais être Ben-S'lémah, et je pensais que, pour un détrousseur de route, ce bandit avait fort bon air.

C'était, en effet, un beau cavalier d'une trentaine d'années à peine, à la figure ovale, au teint mat uniformément brun ; ses yeux noirs, très fendus, exprimaient à la fois la mélancolie et l'audace ; le nez était mince, busqué, aux narines palpitantes, comme le naseau des fauves, indice de passions violentes ; sa bouche petite, aux lèvres un peu épaisses, mais rouges, avait un caractère hautain, sauvage ; elle s'estompait de moustaches noires, comme les sourcils bien arqués, et comme la barbe en pointe. Toute la tête me parut belle, et plus tard, dans un sourire, le Khoumir nous montra des dents courtes, serrées, aiguës, et d'une blancheur éburnéenne. La main, qui tenait la bride de son cheval, était petite, sèche, nerveuse et brune. De même que la plupart des Arabes, Ben-S'lémah était doué d'une distinction native indéniable ; ses mouvements et ses gestes étaient dignes. On l'eût plutôt pris pour un chef de grande tente que pour un brigand.

— On en pensera ce que l'on voudra, me disais-je ; mais, à moins d'être témoin du crime, je ne croirai jamais que cet homme soit un vulgaire assassin.

Nos chevaux venaient d'atterrir et se secouaient pour se sécher. Quant à nous, nos vêtements ruisselaient d'une façon si comique, que je partis d'un franc éclat de rire. Ben-S'lémah me regarda surpris : les démonstrations bruyantes de gaieté sont rares chez les indigènes ; cependant il sourit à son tour.

— Eh bien ! madame, vous êtes contente, me dit en français Kemoun : je vous présente Abd-el-Kader-ben-S'lémah et son beau-frère Mamoud, en chair et en os.

— Je t'en remercie, répondis-je en arabe, de même que je remercie Ben-S'lémah de son invitation.

— C'est moi qui te dois de la reconnaissance, répliqua celui-ci ; il est beau de voir une femme aussi vaillante que toi ; mais, avant de venir à ta rencontre, je te connaissais, t'ayant vue maintes fois, la dernière au marché de Souck-el-Arba, et je savais que parmi les dames françaises il y a de grands cœurs.

Habituée à la phraséologie et aux hyperboles de la langue arabe, j'acceptai le compliment sans rougir et sans fausse modestie... Après tout, je n'ignorais point que j'eusse une certaine bravoure : on me reprochait si souvent ma témérité !

Depuis que j'habitais l'Algérie, j'avais constaté les différences de langage existant entre les indigènes de l'Ouest et ceux de l'Est. L'idiome des Hadjoutes de la province d'Alger est dur, guttural ; comparé à l'arabe de Bône, c'est presque un patois. Plus on se rapproche du berceau de l'islam, plus la langue s'épure et s'adoucit. La voix pleine et sonore de Ben-S'lémah la faisait valoir.

— Puisque tu me connaissais et que tu as de la considération pour moi, qu'aurais-tu fait si, à Souck-el-Arba, tes compatriotes m'eussent enlevée ? demandai-je malicieusement à Ben-S'lémah.

Il ne parut nullement embarrassé et me répondit sans hésitation ;

— J'aurais obtenu que tu fusses confiée à la garde de ma femme, dans nos tentes, et, le lendemain même, avec le concours de ton serviteur Ben-S'lémah, tu te serais évadée.

Au-dessus du talus de la rivière s'étendait une longue vallée coupée par des affluents sans importance de l'oued El-Hout ; au fond, une colline boisée formait à l'horizon un rideau sombre sur lequel on apercevait une vaste clairière en amphithéâtre, parsemée de tentes et de gourbis.

— C'est là que nous allons, dit en l'indiquant du

geste Ben-S'lémah. Tu excuseras l'humble hospitalité du Khoumir. Je ne suis point un chef riche et puissant comme le kaïd Djab-Allah.

Une amertume ironique soulignait cette dernière phrase que je feignis ne point entendre, et je me contentai de répondre :

— Cette hospitalité me paraîtra bonne, puisque je l'ai souhaitée et qu'elle m'est amicalement offerte.

Aussitôt que nous nous étions engagés dans la vallée, le beau-frère de Ben-S'lémah nous avait quittés ; il nous rejoignit portant deux longs fusils arabes.

— Vous aviez laissé vos armes au gué ? demanda Kemoun.

— Ne vous y trouvant pas, répliqua Ben-S'lémah, j'ai pressenti la vérité. Vous aviez dû vous égarer, prendre un mauvais passage dans la rivière, et je prévoyais que Mamoud et moi devrions faire ce que nous avons fait. C'est pourquoi nous nous sommes débarrassés de nos armes : il ne fallait point qu'elles fussent mouillées et hors d'usage, même momentanément.

A l'approche de Mamoud, Sebagh se mit à hennir.

— Brave bête ! fit le jeune homme ; elle se souvient !

— Silence ! s'exclama sévèrement Ben-S'lémah.

Il est malséant de faire allusion à un service rendu.

— Oh ! moi, dis-je, je me le rappelle ; c'est toi, Mamoud, qui as tiré mon cheval du lac Mélah, où nous étions si bien embourbés...

— En effet, répondit timidement et en rougissant Mamoud confus de la réprimande de son beau-frère.

Le siroco s'apaisait, et pourtant la chaleur continuait excessive, me mordant le visage, fatiguant mes yeux ; nos vêtements étaient aussi secs que s'ils n'eussent point été trempés il y avait à peine une heure. Une mélancolie intense s'emparait de moi ; cette interminable vallée me paraissait morose, malgré ses bouquets d'oliviers, ses caroubiers trop espacés, à la large envergure, aux frondaisons rondes et tombantes, sous lesquelles un escadron tout entier aurait pu se mettre à l'ombre, malgré ses chardons au feuillage grisâtre argenté, aux fleurs bleues, et ses nappes de convolvulus aux calices rouges, violets et roses, d'une dimension surprenante. J'étais lasse et je regardais avec envie les arbres sous lesquels on aurait pu faire une halte.

— Ce n'est pas la peine de nous arrêter, me dit Kemoun, devinant mes préoccupations : nous arriverons bientôt ; nous voici aux ruisseaux moins difficiles à passer que l'oued El-Hout.

Nous en traversâmes deux assez larges, mais peu

profonds ; nos chevaux n'eurent point à y nager, l'eau leur montant jusqu'aux genoux seulement. Au delà nous retrouvions, en gravissant la colline, la région des fougères, des bruyères et des bois. Le sentier couvert sous lequel nous cheminions était gras et humide.

— Il doit y avoir des sources par ici ! dis-je à Kemoun.

— Il y a une jolie cascade ; nous passerons à côté.

Un instant après, nous y arrivions; des anfractuosités d'un bloc de rochers sortaient, par une multitude de fissures, de minces filets d'eau se rejoignant dans une cuvette naturelle, d'où l'eau s'échappait en une nappe qui retombait à quatre ou cinq mètres plus bas, s'éparpillant de tous côtés. Sous la cuvette surplombant, s'ouvrait une grotte en miniature tapissée de mousses, festonnée d'églantiers, de fausses salsepareilles, dont les sarments rameux, les feuilles vertes vernissées et aigüës, les grappes de baies d'un rouge vif obstruaient l'entrée, formant sous la transparence de la chute un rideau ravissant. Entre de grosses pierres moussues, le ruisseau coulait capricieusement parmi des acanthes, des fougères, des capillaires superbes ; de petites fleurettes ténues et brillantes semblaient sourire au soleil, à l'abri des floraisons plus hautes d'innombrables buissons de myrtes, de lauriers-roses et blancs et de grands abrisseaux poussant pêle-mêle à l'entour en d'inextricables fouillis. D'énormes crabes noires, des tortues verdâtres fuyaient dans l'onde à notre approche..

— Le joli endroit ! m'écriai-je.

— Aussi dangereux la nuit qu'il est paisible le jour, répliqua Ben-S'lémah ; c'est le rendez-vous nocturne des lions et des panthères d'alentour, et Dieu sait s'il en manque ! Tiens, fit-il, me montrant dans le sol marneux les empreintes encore fraîches du pied des fauves, voilà des traces qui ne laissent aucun doute sur leur récent passage.

— En as-tu tué quelques-uns ? lui demandai-je curieusement.

— Oh ! répondit-il avec un dédain affecté, parmi les Arabes soumis aux Français, il paraît que tuer un lion ou une panthère passe pour un grand exploit. Chez les Khoumirs, c'est jeu d'enfant à la mamelle ; Mamoud, qui n'a pas encore de barbe, en a mis, pour sa part, une douzaine à mort, au moins.

A quelque distance de la cascade, le sol se raffermissait et devenait plus rocailleux; parmi les cailloux et les silex qui roulaient sous le sabot des chevaux, j'apercevais de nombreux spécimens de minerais de fer, de plomb, de cuivre, des galènes de zinc : j'en fis l'observation.

— Nos montagnes en sont remplies, répondit Mamoud ; mais nous ne nous servons que du fer.

Il y a près de Tabarka une colline où il est si pur qu'on le couperait à la hache.

Ben-S'lémah fronçait le sourcil.

— Cela te contrarie que ton beau-frère révèle les richesses de ton pays? lui dis-je.

— Je redoute les envahissements des Français, répondit-il sèchement.

— Tu n'as point à me craindre, repartis-je avec hauteur, l'accent froissé; je ne suis point marchande, et je me garderais, d'ailleurs, de me vanter d'être venue chez les Khoumirs et de raconter ce que j'y ai vu.

— C'est que, reprit-il d'un ton plus courtois, nous avons l'exemple d'Oum-Theboul. Et qui sait jusqu'où tes compatriotes tenteront de s'avancer un jour?

— Si les Khoumirs se tiennent tranquilles, on respectera leur indépendance.

— Je compte moins sur ce respect que sur la difficulté de pénétrer dans nos montagnes... Le bey de Tunis y a renoncé.

— Oui, mais ses troupes ne peuvent être comparées aux nôtres.

— Malheureusement! Pourtant, la nature même est contre vous, répliqua-t-il pensif. Deux années après la réoccupation de La Calle par les Français, il s'est produit chez nous un phénomène que nos anciens ont considéré comme un avertissement d'en haut : une de nos montagnes s'est soudainement ouverte en jetant d'épouvantables clameurs, et pendant une semaine elle a vomi du feu, des pierres, de la cendre, et les sages ont dit que le Prophète nous prévenait par ce prodige que si l'étranger menaçait de nous asservir, il serait arrêté par Dieu lui-même et périrait dans les entrailles des monts qui s'ouvriraient sous ses pas pour l'engloutir.

— Et toi, tu crois cela?

— Certainement!

Je ne possédais ni assez de savoir pour répondre par une théorie irréfutable de l'existence des volcans et de leurs causes, ni assez parfaitement la langue arabe pour m'exprimer en termes clairs et précis sur un tel sujet. D'ailleurs, la discussion pouvait dégénérer en querelle ; mon imprudence m'avait placée sous la dépendance de Ben-S'lémah, qui commençait à m'inspirer moins d'enthousiasme que de défiance ; je ne tentai donc point de le dissuader : je savais trop que je ne le convaincrais pas, et je repris :

— Le bey de Tunis, dis-tu, a renoncé à vous asservir ; ne lui payez-vous pas l'impôt cependant?

— L'impôt! répliqua Ben-S'lémah ; nous ne le lui payons nullement ; c'est lui qui, au contraire, quand il s'avise de nous envoyer des percepteurs, nous fournit des armes, de la poudre et même des vêtements.

— Comment cela ?

Je connaissais l'histoire à laquelle il faisait allusion ; mais, m'imaginant *qu'il lui était agréable* de la raconter et que ce récit modifierait, momentanément du moins, ses idées malveillantes envers les Français, je tenais à l'entendre de sa bouche.

— Comment cela? répéta-t-il ; je vais te le dire. Il y a quelque temps, deux ou trois ans peut-être, les percepteurs arrivèrent, comme d'habitude, du Kef et de Béjà ; mais nous avions, entre Khoumirs, fait le serment de ne plus solder une redevance stupide, et, quand ils se présentèrent escortés de la force armée, nous les entourâmes en nombre considérable ; après une insignifiante escarmouche où nous leur tuâmes deux hommes sans que l'un des nôtres eût été même blessé, nous leur enlevâmes leurs chevaux, leurs armes, leurs munitions, leurs vivres ; puis nous les conduisîmes tout nus jusqu'au fortin situé sur le continent, en face de l'île de Tabarka. Ce pauvre bey y entretient, on ne sait trop pourquoi, une petite garnis on fort inoffensive, avec laquelle nous fraternisons en temps ordinaire, attendu qu'elle nous redoute plus que nous ne la craignons. Nous laissâmes les percepteurs et leur escorte sous les murs du fortin, dont la troupe, à qui ses vivres sont livrés pour un temps déterminé et qui n'avait point à compter sur un ravitaillement prochain, refusa de les recevoir. Ce fut le onsul de l'île pour l'Italie, le père Moschetti, qui leur envoya une chaloupe, les recueillit et les nourrit jusqu'à ce qu'un navire tunisien vînt les prendre. Depuis, le bey ne nous demande plus rien, et nous sommes encore moins disposés, tu dois le comprendre, à nous soumettre aux chrétiens qu'à un prince qui du moins appartient comme nous à l'islam.

— On vous accuse cependant de ne pas tenir beaucoup à votre religion.

— C'est un mensonge, et puis, qui donc nous connaît, nous autres Khoumirs ?

— On dit aussi que sur votre territoire la côte est inhospitalière et que les balancelles corailleuses qui y échouent sont fatalement pillées...

— Ça, c'est de bonne guerre. Suppose que nous ayons des bateaux et que l'un d'eux s'échoue dans les eaux de La Calle, qu'arriverait-il ?

— On lui porterait secours, on le ravitaillerait et il serait libre.

— Pourquoi donc ma tête est-elle mise à prix?

L'argument de Ben-S'lémah me laissa sans réplique ; je ne pouvais décemment lui reprocher ses méfaits ; je jugeai plus sage de me tirer d'affaire par une impudence :

— Si l'on te connaissait, il n'en serait point ainsi.

— Je sais, reprit-il, subitement adouci, que l'on met à mon compte tous les vols, les assassinats, les enlèvements qui se commettent autour de La Calle. Il est si commode de dire : Ben-S'lémah a fait ceci, Ben-S'lémah a fait cela! Je crois, Dieu me pardonne! que si le seigneur lion mangeait un Français, on accuserait Ben-S'lémah de le lui avoir fourni. Je ne m'en porte pas plus mal, heureusement.

Une idée sinistre me passa par la tête : je songeai à la cascade du rendez-vous des fauves ; si Ben-S'lémah allait être pris de la fantaisie de nous servir en festin, Kemoun et moi, aux bêtes féroces, qui pourrait l'en empêcher? J'eus cependant le courage ou la lâcheté d'applaudir sa plaisanterie.

Nous débusquions, au même instant, dans la clairière, à cent pas du douar du Khoumir, et nous étions aussitôt entourés d'une multitude de chiens furieux, aboyant contre nous, et qui ne se calmèrent que sur les injonctions énergiques et réitérées de leur maître.

IX

Dans la plupart des douars de l'Est, les tentes, extérieurement préservées par une haie d'aloès, de cactus ou de buissons épineux, forment un cercle dont les troupeaux occupent le centre. Lorsque les Arabes vivent en dehors de la tribu, l'ouverture principale des tentes fait toujours face à l'est. Ces dispositions n'existaient point chez Abd-el-Kader-ben-S'lémah. Les cinq gourbis et les trois tentes qui, sur l'emplacement le plus élevé de la clairière, constituaient sa *douaïra*, — petit douar, — s'étendaient sur une seule ligne et s'ouvraient à l'ouest.

Cette particularité me frappant, j'interrogeai le Khoumir pour en connaître la cause :

— Écoute, me dit-il ; avant de te répondre, il est bien de nous entendre sur un point, ou à chaque instant nous risquons de nous froisser ; à diverses reprises, nous avons, en causant, failli devenir ennemis... Si tu veux que mes paroles soient vraies, fais-moi la grâce d'oublier, pendant la durée de ton séjour chez moi, que tu es chrétienne et Française. Moi je ferai mes efforts pour être sincère sans discourtoisie. Songe que tu es en présence d'un homme de fusil et de sabre, illettré ; mais j'estime trop qui m'honore pour lui mentir comme un Bédouin soumis... Tu es ici en amie, en sœur, oserais-je dire ; ne pense point aux choses qui peuvent mettre du mécontentement entre nous.

J'acceptai les termes du programme, et il reprit :

— Mes tentes sont ouvertes à l'ouest parce que

c'est de là que peut venir l'ennemi, et il importe de le voir arriver. Un guetteur veille sans cesse sur le faîte du coteau. Je ne crois pas que les Français se hasardent jamais à tenter de pousser jusqu'ici pour m'y arrêter... Ma tribu se lèverait tout entière, et nos montagnes sont inexpugnables ; mais il vaut mieux être sur ses gardes, tu me comprends.

Nous avions été aperçus. Une jeune femme drapée dans un ample vêtement en laine, de cette teinte crème si en faveur maintenant en France et lui descendant jusqu'à mi-jambes, la tête émergeant d'une autre pièce d'étoffe semblable surmontée des nombreux replis de la corde beige de poil de chameau, nous attendait au seuil de la tente la plus haute. Debout, le bras levé et arrondi, elle soulevait de la main le pan de la lourde portière de tissu rayé de noir et de gris, également en poil de chameau. A son autre bras, qui pendait, s'accrochaitun bambin d'une huitaine d'années, complètement nu, aux formes robustes et superbes, — un Ismaël au premier âge, — à la peau lisse et bistrée, aux yeux étincelants et étonnés, à la chevelure noire et crêpue. La femme était grande et belle ; Rachel, l'épouse de Jacob, devait être ainsi ; sa pose gracieuse, digne ; et, dans l'encadrement de l'ouverture profonde et mystérieuse de la tente, ils faisaient un ravissant tableau.

— Ta femme et ton fils ? demandais-je à Ben-S'lémah.

— Oui, dit-il; mais, tu le vois, elle est trop jeune pour être sa mère ; celle-ci est morte.

Nous arrivions. Kemoun, qui depuis notre jonction avec les Khoumirs demeurait à peu près silencieux, mit pied à terre et m'aida à en faire autant, tandis que la femme de Ben-S'lémah s'approchait et prenait la bride du cheval de son mari. Le bambin avait fui au fond de la tente.

— Mouni, dit Ben-S'lémah, je t'amène des amis.

Avec défiance et contrainte, elle toucha du bout des doigts ma main tendue vers elle; puis, m'entendant la saluer en arabe, elle daigna sourire et me souhaiter la bienvenue.

— Bekre! cria Ben-S'lémah à l'enfant, qui, à demi abrité par la portière de la tente, avançait furtivement et curieusement la tête, viens ici.

Il avança à petits pas, timide, hésitant, sauvage, se suspendit au haïk de son père, et murmura irrévérencieusement en me regardant :

— *Chytana!* (Diablesse !)

Son air effrayé, son accent convaincu me firent rire.

— Excuse-le, dit le père ; il n'a jamais vu que des Arabes : ton costume le surprend.

Mamoud et deux nègres accourus à son appel emmenaient nos chevaux.

— Si vous voulez vous reposer d'abord, reprit

Ben-S'lémah, je vous ferai ensuite visiter mon domaine.

Nous pénétrâmes sous la tente et nous nous assîmes sur des tapis superposés servant de sièges. Mouni apporta aussitôt le café servi sur un plateau dans des tasses de faïence anglaise, ce qui me parut manquer de couleur locale; je m'abstins de le dire. Mouni le déposa sur une natte et se retira.

J'offris une cigarette au Khoumir.

— Merci, je ne fume pas.

Et comme ma physionomie exprimait l'étonnement :

— Je ne crois pas, dit-il, que dans le pays khoumir il y ait, toutes les tribus comptées, cinquante fumeurs, et c'est bien. Moins on a de besoins, moins on est esclave.

J'examinais à la dérobée l'aménagement de la tente, car chez les Bédouins les personnes bien élevées se targuent d'une extrême discrétion et n'inventorient pas du regard, comme les civilisés, tout ce qu'elles ont sous les yeux ; ce serait le comble de l'impertinence. D'ailleurs, à l'exception de deux peaux de panthère et de troix peaux de lion fort mal préparées et jetées sur le sol, il n'y avait pas grand'chose chez Ben-S'lémah. Deux coffres en bois peint, sur lesquels s'entassaient les objets les plus hétérogènes : plats ronds en terre et en bois, selles, tamis de feuilles de palmier et d'alfa; à côté, des jarres brunes, les unes pleines de beurre fondu, d'olives sauvages noires baignant dans la saumure, d'autres contenant de l'eau. Aux montants de la tente étaient accrochés de grands chapeaux de paille, des brides, des armes, quelques chapelets à quatre-vingt-dix-neuf grains, nombre des attributs de Dieu, que l'on formule en roulant chaque grain sous les doigts : « le bon, — le juste, — le clément, — l'adoré, — le chéri, — le miséricordieux, — l'unique, » etc., etc.

Le café dégusté, et il était excellent, Kemoun fit cette motion :

— Allons voir d'abord les chevaux de Ben-S'lémah ; il en a de très beaux, et une jument qui vaut celle du Prophète.

Ben-S'lémah parut sensible à cet éloge de son *el-borack*, et nous nous dirigeâmes vers une espèce de hangar ouvert à tous les vents. C'était une simple toiture de chaume reposant sur une charpente de poteaux non équarris, sous laquelle quatre chevaux au piquet, en compagnie de la jument, hennirent à l'aspect de leur maître.

Ils étaient réellement irréprochables et superbes et avaient cette tête large et courte, cet œil si vif, si intelligent, des étalons arabes, qu'il semble presque humain.

Le petit Bekre, qui ne nous avait point quittés, se faisait un jeu de leur passer sous le ventre, sans qu'ils donnassent le moindre signe d'impatience ;

ils le flairaient au contraire, reniflant avec une évidente satisfaction.

— Ce sont des montures de prince, dit avec orgueil Ben-S'lémah dont un sourire équivoque plissait les lèvres.

Me souvenant de l'achat de Sebagh (1), je soupçonnais quelle devait être la provenance de ces belles bêtes, et je ne répliquai point.

— Celle-ci, ajouta Ben-S'lémah en caressant de la main la croupe ronde, ferme et lustrée de la jument, est une khoumire, fille et petite-fille de khoumirs mâles et femelles. Je sais sa généalogie, en remontant jusqu'à la quatrième ascendance. Elle a cinq ans, n'a point été saillie; c'est moi qui l'ai élevée, et nul autre ne l'a jamais montée. C'est un pur joyau: vois son encolure, son large poitrail, ses jambes nerveuses et fines, ses veines à fleur de peau, ses épis, sa robe; quelles perfections! Elle m'a sauvé plus d'une fois à l'heure du danger, n'est-ce pas, ma belle Rianah?

Il s'attendrissait en lui parlant et en évoquant ces souvenirs. Je respectai son émotion. Dieu seul et lui-même pouvaient savoir à quels drames sanglants avait assisté Rianah, à quelles fuites soudaines elle avait dû se livrer, et de quels actes elle avait pu être complice.

---

(1) Volé dans les écuries du bey.

Sous une autre tente, Mamoud, déjà marié, — il n'avait pas plus de dix-huit ans, — prenait son repas avec sa femme, une enfant, dans sa treizième année à peine, qui, à notre arrivée chez elle, se leva, vint à nous avec plus d'effusion que sa belle-sœur, et, après avoir baisé respectueusement la main de Ben-S'lémah, nous offrit de partager son brouet composé de gruau et d'un liquide noirâtre peu engageant. Les jeunes époux puisaient à même dans le plat avec des cuillers en bois. Deux grands lévriers gravement assis sur leur train de derrière attendaient dans une attitude mélancolique, à une distance convenable, les reliefs du festin.

En quittant le jeune couple, nous ne fîmes que passer devant le gourbi où se préparait notre déjeuner. Mouni présidait à cette œuvre, et, sous sa direction, deux négresses s'en acquittaient avec une dignité pontificale.

— Maintenant, dit Ben-S'lémah, je vais te faire voir le douar le plus important de ma tribu ; il est à deux pas.

Il nous emmena au faîte de la colline, et là, au spectacle imprévu qui s'offrit à nos yeux, je jetai un cri d'admiration.

Au bas du coteau s'étendait une vaste plaine, encaissée par des montagnes plantureusement boisées et à peine entr'ouvertes au sud et au nord pour livrer passage à un large cours d'eau que je supposai être l'oued En-Nahlât, — la rivière des abeilles, — ou l'oued Zaine, peut-être leur principal affluent. Il serpentait capricieusement, en un long ruban argenté, irisé par les feux du soleil, dans l'encadrement vert et fleuri des arbres de ses rives et des hautes herbes. Des troupeaux de bœufs, de moutons, des groupes de chameaux se pressaient par intervalles, animant ce beau site d'un calme si magistral et si grandiose. Au fond de la plaine, la rivière, étroitement serrée dans une gorge, avait des reflets d'acier bruni et baignait la blanche koubba d'un marabout, abritée par une vingtaine de palmiers, et des oliviers nombreux et séculaires qui formaient un bois sacré. A nos pieds, un douar de trois cents tentes se touchant l'une l'autre dessinait un grand cercle noir étagé, au milieu duquel le parc aux bestiaux, déserté pendant le jour, montrait une trouée blanche. En face de nous, dans le lointain, la chaîne de montagnes, dont la base émergeait d'une buée mouvante, opaque et cotonneuse, se revêtait jusqu'au sommet de ces teintes violettes, lilas, rosées, bleuâtres, qui s'allongent horizontalement en zones très nettes, très distinctes, pour se fondre aux altitudes en reflets magiques d'argent, d'or et de pourpre, sous l'azur intense et profond de la voûte éthérée.

Toute à l'extase, au ravissement de cette fête des yeux, je demeurais silencieuse, quand Ben-S'lémah prit la parole pour me dire :

— Je ne t'offre point de te conduire dans le

douar. En ce moment, toutes les familles sont réunies sous leurs tentes pour le repas de dix heures ; les chiens mêmes ne nous ont point aperçus. Il est sage de n'éveiller aucune curiosité forcément malveillante. Je ne voudrais point voir se renouveler ici les scènes de l'ouadda de Souck-el-Arba. Rentrons ; nous allons déjeuner à notre tour.

— Je te croyais le maître de ces gens-là.

— Les Khoumirs n'ont pas de maîtres, et je n'ai sur ceux de ma tribu qu'une influence relative. Je suis leur chef, leur arbitre dans les contestations qu'ils peuvent avoir entre eux, leur conseil dans les démêlés qui surgissent quelquefois avec vos autorités militaires ; mais cela est fort limité, et, si l'on me soupçonnait de pactiser avec des Français, mon influence serait à jamais perdue, et mon existence aussi compromise d'un côté que de l'autre.

J'aurais voulu l'interroger sur les mœurs, les coutumes, le mode de gouvernement des Khoumirs ; connaissant les défiantes susceptibilités des indigènes, je m'en abstins et me consolai en pensant que Kemoun pourrait y suppléer plus tard ; mais, quand, de retour à La Calle, je lui en parlai, je vis qu'il n'en savait pas plus long que moi.

Nous revînmes sous la tente de Ben-S'lémah. Contrairement aux usages arabes, sa femme et son fils s'accroupirent comme nous et avec nous, les jambes reployées et croisées, devant les mets servis tous à la fois sur le tapis de cuir posé sur le sol et tenant lieu de table et de natte. On commença par un potage au gruau, semblable à celui que j'avais entrevu chez Mamoud.

Les raffinés de la civilisation auraient de la peine à se soumettre à la promiscuité du plat où chacun plonge sa cuiller et barbote plus ou moins, aux libations de tous à une unique amphore que l'on se passe de main en main, sans essuyer même le bord; mais, en voyageant dans les tribus, on finit par s'y habituer, et, les répugnances préalables une fois vaincues, on n'y pense plus. D'ailleurs ici nos amphitryons étaient jeunes et sains; leurs dents blanches pouvaient rivaliser avec le plus pur ivoire: il n'y avait donc point à faire les dégoûtés.

A la première cuillerée de potage portée à mes lèvres, je dus réprimer un cri d'angoisse. J'avais assez couru en Algérie pour me défier de l'abus du piment de Cayenne et des autres condiments de haut goût prodigués par l'art culinaire arabe; mais ceci dépassait les plus brûlantes prévisions, et je crus mon palais à jamais hors d'usage et prêt à faire explosion.

— Comment me tirer de là? murmurai-je à demi-voix, m'adressant en français à Kemoun; il m'est impossible d'avaler cette sauce, elle me cautérise comme un fer rouge.

— N'y touchez plus et passez sans façon au poulet qui baigne dans le jus rouge: c'est un piment enragé, mais il vous paraîtra doux, comparé à ce diable de bouillon noir. Je vais expliquer ce qui en est.

Il le fit avec assez de tact et de mesure pour éviter de froisser nos Khoumirs et les amuser à mes dépens. Ben-S'lémah, souriant de mon impuissance à ingurgiter du feu, nous dit que la marmelade noire qui communiquait cette forte saveur aux aliments se fabriquait à Tombouctou et à Djenné, qu'elle était très appréciée en Tunisie et dans la Tripolitaine, parce qu'elle avait la propriété de rendre de la vigueur aux tempéraments les plus anémiés et qu'elle était un apéritif hors ligne.

Quant à Mouni, moqueuse comme toutes les femmes arabes, elle riait franchement, se raillant de moi. Elle nous indiqua le nom de la plante d'où était tirée la substance noire, mais je ne me le suis point rappelé.

Des tranches fraîches de pastèque finirent par avoir raison de la sensation intolérable que j'éprouvais, et, ainsi que m'en avait prévenue Kemoun, je trouvai le poulet au piment assez doux pour en manger sans souffrir.

Nous ne pûmes éviter le classique mouton rôti en entier. Il n'était heureusement point farci, et, après avoir accepté le filet, morceau d'honneur, déchiqueté par les doigts du maître du logis, et y avoir à peine goûté, je pus, sans inconvenance, le passer à Mouni et à son fils, qui le firent disparaître promptement et de fort bonne grâce.

Le surplus du repas, avec moins de luxe, de diversité et d'abondance, était à peu près tel que celui qui m'avait été offert par Djab-Allah, et, en songeant aux excuses préliminaires de Ben-S'lémah, je constatai une fois de plus l'excessif orgueil des Arabes.

Le repas achevé, Mouni se leva pour m'apporter un grand vase en poterie vernissée plein d'eau afin que je pusse procéder à une ablution rendue indispensable par l'absence de fourchette. Le vase passa ensuite à Kemoun, puis au maître du logis.

— Et maintenant, dit Kemoun, il faut partir. Nous n'arriverons pas à La Calle avant deux heures et nous serons grondés. Je vais aider à seller les chevaux ; les gens d'ici ne sauraient pas comment faire.

Il s'éloigna avec Ben-S'lémah ; je restai seule avec Mouni et le petit Bekre. Je leur avais réservé une surprise pour l'instant des adieux ; j'ouvris ma grande gibecière arabe et j'en tirai une demi-douzaine de ces miroirs renfermés dans une double cuvette de cuivre qui valent vingt-cinq centimes la pièce, et ce furent des cris de joie, des admirations, des attendrissements, quand la jeune femme, qui ne s'était encore vue que dans la réflexion mouvante de l'eau des sources et de la rivière, put contempler d'aussi près son image et se trouver belle. Elle crut à de la magie, à un sortilège, se mit à pleurer pour tout de bon ; il me fallut aller requérir Kemoun et Ben-S'lémah afin de la convaincre que je ne lui voulais pas de mal. Un poupon mécanique, ouvrant et fermant les yeux, fut un nouveau sujet d'étonnement. Hors d'elle, Mouni l'embrassa et appela sa belle-sœur et les négresses pour leur montrer cette merveille, « l'enfant chrétien, si joli, si gracieux, » qui fut tourné et retourné en tous sens.

— Ces Français sont des magiciens, des démons ! dit d'un air capable et en balançant la tête une des négresses.

Je leur distribuai des dragées, du chocolat, que je leur dis être de la terre d'une contrée de la France. Quelques foulards aux couleurs voyantes, un couteau de poche et une paire de ciseaux mirent le comble à l'enthousiasme général.

Ma gibecière était vide, les chevaux sellés. Mouni m'embrassa en me disant :

— Tu reviendras, n'est-ce pas ?

— Oui.

— Quand ?

— Dieu le sait !

Kemoun, impatient, me tenait l'étrier ; je sautai à cheval.

— Bénédiction ! bénédiction ! criaient Mouni et son fils.

Ce furent les derniers mots que j'entendis dans le douar de Ben-S'lémah, qui nous reconduisait.

Avant d'arriver au gué de l'oued El-Hout, le Khoumir, près de nous quitter, me dit avec une certaine solennité :

— Je ne sais si tu reviendras comme Mouni le désire ; mais elle n'oubliera plus jamais la visite de la chrétienne. Il me semble que, ta curiosité étant satisfaite, tu perdras la mémoire du chemin de la montagne. Les Français doivent être ainsi parce qu'il y a beaucoup de choses dans leur vie. Pour moi, je me souviendrai de la preuve de confiance que tu m'as donnée en venant ici, sous ma simple sauvegarde... Laisse-moi te donner un conseil d'ami, et d'ami reconnaissant. Le pays n'est pas sûr, il ne peut l'être... Tous les Arabes, soumis ou insoumis, sont ennemis des chrétiens; il ne faut jamais se fier à eux, ceci est la vérité pure. Il pourrait t'arriver malheur... Je ne parle pas d'un enlèvement par les Khoumirs, je serais là. Tu as été vendue une fois par ton domestique Yussef, tu ne peux l'ignorer, car tu as fui, et tu n'as dû ton salut qu'à ta présence d'esprit et à ton sang-froid. Rappelle-toi aussi ce qui a eu lieu à Souck-el-Arba : on a sérieusement discuté ta liberté. Ton cheval, tes vêtements, l'espoir de trouver de l'argent sur toi pourraient tenter bien des gens, même ceux que tu juges les plus amis, avec qui tu marches. Tu risques, à chaque instant et sans le savoir, ta vie.

Si l'on te tuait, j'en aurais du chagrin, et probablement j'aurais aussi la douleur d'être accusé du meurtre. Le jour où je t'ai rencontrée pour la première fois, ta hardiesse m'a surpris et j'ai été tenté moi-même de t'enlever ; ce qui m'a retenu, je l'ignore. La main de Dieu peut-être. Voilà le gué, vous êtes dans le bon chemin, je n'irai pas plus loin. Si l'on me voyait avec vous, le pire désagrément ne serait pas pour moi. Que le salut vous accompagne!

Il me tendit la main de cheval à cheval et s'élança au galop dans la direction de son douar.

La rivière passée, je me retournai et je l'aperçus encore dans l'éloignement ; mais lui ne se retourna point.

— Savez-vous, dis-je à Kemoun, que votre Abd-el-Kader-ben-S'lémah me fait l'effet d'un brigand légèrement poseur? On le prendrait, à l'entendre, pour un bandit de roman ou d'opéra comique.

— Il ne faudrait pas s'y fier, répondit laconiquement l'interprète.

— Pourquoi donc alors m'a-t-il invitée à aller chez lui, et pourquoi a-t-il été si courtois envers nous?

— Le sais-je, moi? Les Khoumirs sont fins; Ben-S'lémah n'ignore pas que le kébir et vous, si vous n'êtes pas au mieux avec le commandant supérieur du cercle, êtes liés avec le général commandant la subdivision, et comme notre ami Ben-S'lémah peut avoir tôt ou tard maille à partir avec l'autorité militaire, il veut peut-être se ménager des appuis puissants.

— Taisez-vous! Je ne crois pas un mot de ce que vous me dites; c'est odieux! Je préfère lui reconnaître des sentiments élevés, généreux... Ses dernières recommandations en sont la preuve et.....

— Pour ça, non, par exemple! Si les Khoumirs vous enlevaient, c'est lui qui serait embarrassé. Si l'on vous assassinait, ce serait pis encore...

— Assez, assez! Je ne vous écoute plus. Vous me gâtez ma journée.

— Ce n'est pas moi qui la gâte. Mais, si nous ne marchons pas plus vite, c'est le kébir qui se chargera de la gâter, par la réception qu'il nous fera.

— Eh bien, au trot!

Nous eûmes beau courir : en arrivant à la maison, je vis que l'on avait déjeuné sans moi, et l'on me témoigna un juste mécontentement.

Cependant les conseils du Khoumir m'avait impressionnée, et ma visite chez lui fut ma dernière équipée pendant mon séjour à La Calle.

Plusieurs années après, étant à Oran, j'appris par un journal la mort de Ben-S'lémah. Arrêté enfin par la trahison des Arabes, ayant été incarcéré dans le fort, des gens de sa tribu tentèrent de le délivrer en s'introduisant nuitamment par mer dans la ville. Au moment où, emmenant le prisonnier, ils fuyaient ensemble dans les rochers pour regagner leur chaloupe, ils furent aperçus par un factionnaire qui, en tirant sur eux, donna l'alarme, — et Abd-el-Kader-ben-S'lémah avait été tué.

LE SAHEL DE LA BYZACÈNE

KAÏDATS DE SOUSSE ET DE MONASTIR

Le territoire qui reçut des anciens la dénomination de Byzacium ou Byzacène est fécond en souvenirs. Parcouru et illustré par Hannibal, Scipion, César, Bélisaire et bien d'autres grands hommes, il tombe avec les Vandales et les Gréco-Byzantins, se relève sous les Arabes qui, à la naissance de l'islam, semblent devoir succéder aux Romains comme conquérants du vieux monde. Sous la domination turque, l'obscurité s'étend sur la Byzacène et s'épaissit davantage jusqu'aux temps modernes. Aujourd'hui on n'y voit que des ruines, sans nom pour la plupart, mais dont l'importance atteste encore la gloire du passé.

Il en est à peu près de même partout sur la terre classique de l'Ifrikat, où cependant les souvenirs du peuple-roi sont beaucoup plus vivaces que dans les autres contrées qu'il a parcourues et où il a régné en vainqueur.

Ici, en effet, nulle distraction ne vient vous soustraire à vos méditations : le présent n'efface point la trace du passé, tout est ruines, et, dans les lieux où elles sont le moins apparentes, c'est que la destruction par les armes des conquérants a été plus complète.

Cette fureur destructive est manifeste sur l'emplacement des villes principales, dont il ne subsiste rien, tandis que celles d'une moindre importance politique n'ont eu à supporter que le fardeau des années et les outrages du temps. Dans la Byzacène, en dehors des points stratégiques et des routes parcourues par les hommes de guerre de l'antiquité, les centres qu'ils dédaignèrent présentent une conservation relative. Les eaux des fontaines qui alimentaient les habitants il y a deux mille ans s'épanchent dans les mêmes bassins de marbre. Les maisons, les temples, les thermes désertés, les arcs de triomphe et surtout les innombrables monuments tumulaires, vides de ceux qui y dormaient leur éternel sommeil, attestent le peu de durée des choses humaines et le néant auquel sont vouées fatalement les cités les plus florissantes. Une destinée implacable semble les avoir frappées : la mort est ici l'unique constatation de l'existence de nombreuses générations, et seules les nécropoles rappellent que ces cités furent peuplées et qu'on y a vécu.

Les tumulus sont couverts d'épitaphes dont la

mélancolique poésie est inimitable et qui n'ont aucune similitude avec les nôtres si souvent ridicules. Le sobriété de la langue latine, le style concis des inscriptions ajoutent au recueillement qui vous saisit dans ces nécropoles. Des vieillards, des jeunes filles, des enfants, reposent sous l'invocation « *Diis manibus sacrum* » qui précède chaque épitaphe, soit qu'il s'agisse d'un particulier, d'un magistrat, d'un édile ou d'un bienfaiteur de la cité ; et l'on peut juger par le luxe du monument funéraire, par le plus ou le moins de correction du style lapidaire, du rang social qu'occupa le défunt.

Pendant notre séjour dans la Byzacène, il nous fut impossible, malgré nos recherches et les fouilles que nous fîmes subrepticement exécuter, de découvrir une seule inscription phénicienne. C'était là l'objectif auquel nous nous attachions ; toutes nos tentatives demeurèrent infructueuses, et j'en ressentis un dépit d'autant plus vif, que nous apprenions, au moment même, que, non loin de Guelma et de La Calle, on avait trouvé, presque à fleur de sol, d'innombrables tumulus chargés d'inscriptions puniques.

Ces inscriptions, dont j'ai vu, depuis mon retour à Paris, les fac-simile, et qu'un de nos amis, le docteur Judas, de l'Académie des inscriptions, m'avait appris à déchiffrer, sont encore plus concises que les épitaphes romaines : elles ne portent d'invocation à aucun Dieu ; on y lit le nom du défunt, son âge, rien de plus.

Les épitaphes découvertes jusqu'à ce jour dans le Byzacium ne rappellent donc que l'occupation romaine, c'est-à-dire une période de cinq à six siècles. Les Grecs et les Phéniciens n'y ont laissé la trace de leur passage que par leurs sépultures, que l'on retrouverait en pratiquant des fouilles.

Que d'ambitions se sont combattues et heurtées dans ces solitudes ! que d'existences y ont usé leurs forces et leur énergie ! Combien de cœurs brisés y ont trouvé l'apaisement de leur douleur dans l'éternel repos !

En présence de la mort apparente dont est, depuis tant de siècles, frappée la Byzacène, l'activité de la vie passée se révèle sans cesse.

Ce qui n'a pas changé, ce qui est demeuré immuable, c'est le golfe, d'une quarantaine de lieues de largeur, dont le rivage forme ce que l'on nomme le sahel de la Byzacène, et dans lequel, comme il y a vingt siècles, les vagues viennent mourir sur le sable impalpable. Les villas phéniciennes et romaines n'existent plus sur ces bords, jadis fortunés ; elles sont remplacées par de modestes villages arabes, construits sur les établissements anciens, avec les propres matériaux de ceux-ci, et montrent de loin au voyageur leurs habitations et leurs minarets qui se détachent en blancheur des tons azurés de la mer et de la verdure des palmiers et des oliviers.

Dans les environs de Sousse, de quelque côté que se portent les regards, on n'aperçoit que des terres presque sans culture, si l'on en excepte les considérables plantations d'oliviers, qui attestent l'opulence de l'ancienne Byzacène, car elles datent, en majeure partie, du grand peuple qui asservit toutes les nations. Puis des ruines, autour desquelles de rares tribus ont groupé leurs tentes, et dont les habitants laissent, sous leurs haillons sordides, entrevoir leur nudité.

C'est tout ce qui reste dans ces contrées, si fertiles et si riches que les Romains avaient pu y reproduire, dans des cités splendides, les monuments grandioses de la métropole : arcs de triomphe, amphithéâtres, statues, mosaïques au moins aussi fines que celles de Pompéi, et dont est pavé l'intérieur d'une partie des maisons modernes construites sur les anciennes.

Toutefois, non loin de ces ruines, la presqu'île du cap Bon, la chaîne de montagnes qui la ferment, les beaux bois de cèdres, de tuyas et de pins qui la couronnent, les villes et les villages qui s'étendent au sud-est de ce cap, offrent l'aspect le plus animé et l'image riante de la vie active.

Cette partie du sahel est la contrée la plus fertile et la plus séduisante de la Tunisie ; ses fraîches oasis, ses riches campagnes, évoquent le souvenir de ce que furent ces parages et de ce qu'ils pourraient redevenir encore, sous un gouvernement éclairé, intelligent et moins arbitaire. Là, les Maures ont construit de belles villas entourées de jardins où l'oranger, le citronnier, le bananier et la plupart de nos arbres fruitiers se mêlent aux jasmins, aux acacias farnèse, aux rosiers musqués desquels on extrait les essences suaves, si chères aux Levantins. Les fleurs les plus variées abondent dans ces parterres ; le goût des fleurs est inné chez les Orientaux, qui ont imaginé leur mystérieux et amoureux langage, le sélam.

Les groupes de ces villas constituent un ensemble paradisiaque, un véritable Éden que n'atteignent point les maladies ; le climat est salubre, le ciel et l'air purs, l'horizon vaste et splendide. Cette partie du golfe d'Hammamet pourrait rivaliser avantageusement avec les stations les plus renommées pour la douceur de l'hivernage. La propriété y est sans valeur : une vaste maison et ses dépendances, avec un immense jardin, n'atteignent pas le prix de douze cents francs, que deux années de récolte peuvent couvrir, et au delà. Sur les côtes de Provence et des Alpes-Maritimes, une telle acquisition serait une petite fortune. Là, c'est à peine si l'on trouve un acheteur.

Et pourtant quel délicieux asile, quelle thébaïde pour un sage lassé du combat de la vie civilisée, revenu des illusions si décevantes de la lutte pour la grande opulence ou la notoriété ! Le ciel bleu, les flots verts, une existence facile, et, dans ce calme et cette quiétude, la rêverie, les paresseux loisirs, les grandes envolées vers l'idéal. Ne serait-ce point le bonheur?

Parmi les villes charmantes de la côte abritées par le cap Bon, il faut citer Nabel, la perle du golfe, toute blanche, toute pleine de fraîcheur et d'ombre; véritable bijou, d'une salubrité hors ligne, où la population est remarquablement belle, forte et vigoureuse. Cette circonstance cause le malheur du beau sexe de l'endroit, car, en Tunisie, tout se fait arbitrairement et à la diable; or, le gouvernement beylical recrute ses meilleurs et ses plus nombreux soldats à Nabel, qu'il a tellement dépeuplé de l'élément mâle que l'on n'y compte guère qu'un homme pour cinq ou six femmes; aussi les mœurs y sont fort relâchées. Mais tout se passe entre croyants et croyantes; et le Prophète, qui fut, s'il faut en croire les musulmans, très enclin à l'amour, doit fermer les yeux avec indulgence sur ces peccadilles.

Les orangers et les bananiers de Nabel produisent les plus beaux fruits du monde, et lorsque l'on côtoie les jardins, les propriétaires ne manquent jamais de vous en offrir. Un jour où nous nous promenions à cheval, dans le territoire de Nabel, un Maure des plus distingués, descendant des Abencérages andalous, dont Chateaubriand a si singulièrement transformé le nom, Si-Ahmed-ben-Sirradji (1), sortit de son jardin pour nous offrir de nous reposer un instant chez lui, ce que nous acceptâmes aussitôt.

La maison de Si-Ahmed est peut-être la plus hospitalière de Nabel, où l'on est généralement hospitalier. Je la recommande aux voyageurs de l'avenir, non seulement pour l'accueil que l'on y trouve, mais pour la maison elle-même, un des beaux spécimens de l'architecture arabe, avec sa grande cour carrée pavée de marbre blanc, son frais jet d'eau qui s'épanche dans une vasque admirable de granit rose, son velum naturel d'aristoloches tout fleuri ; la galerie à arcades et à colonnes en marbres polychromes d'un si bel effet, entourant cette cour; les portes en cèdre, à caissons sculptés ; les impostes, les petites fenêtres en ogives, à peine entr'ouvertes, avec leurs fines ciselures qui transforment la pierre en dentelle. Cette habitation est un petit palais où l'on aimerait à vivre et où il semble que la mort même serait plus douce qu'ailleurs.

Dans son splendide jardin, sous un couvert de jasmins d'Arabie, aux étoiles d'argent embaumées, et de six mètres de hauteur, nous avons mangé

(1) « Ben-Sirradji, » fils du flambeau de la lumière ; sous-entendu : de la foi, de la religion.

des dattes fraîches, régal exquis inconnu en Europe, des oranges, des bananes d'une saveur sans pareille, de proportions telles que les fruits merveilleux de Chanaan ne devaient point les égaler.

Les raisins de Tunisie sont renommés ; ceux de Nabel sont incomparables : les grappes pesant neuf kilos n'ont rien d'exceptionnel ; il faut les étayer pour les soutenir, autrement leur poids entraînerait la treille. Ils sont musqués, couleur de miel et tout aussi doux. Les Maures apprécient spécialement un raisin blanc, ou plutôt ambré, dont la pulpe très fine est transparente, le grain oblong et sans pépins : ils le nomment doigt de fiancée, doigt de captive (chrétienne, sous-entendu) ; il est exquis.

C'est à Nabel que j'ai goûté, pour la première fois, du vin de palmier, boisson dont les indigènes sont friands et qui est réellement agréable lorsqu'elle est fraîchement récoltée ; elle ressemble alors, en tant qu'aspect, au sirop d'orgeat étendu d'eau ; mais, au bout de quelques jours, elle fermente, brunit et devient très enivrante. L'usage en est restreint. On ne fait du vin de palmier que dans les grandes circonstances, et on ne l'offre qu'aux hôtes de distinction. Pour l'obtenir, il faut sacrifier l'arbre ; on en coupe la cime en creusant le tronc : la sève monte dans ce récipient ; on la recueille, et l'arbre meurt.

Les palmiers sont mâles ou femelles ; celles-ci

doivent être fécondées, sans quoi leur fruit, véritable sauvageon, n'est point comestible. Quand, au mois d'avril, la longue gousse fibreuse qui contient le régime éclate, le fruit se forme chez les femelles; chez le mâle, la grappe en fleur est couverte de pollen. Les Arabes prennent une tige de la grappe fleurie, l'insèrent dans la gousse du régime femelle, et il est fécondé.

Les palmiers se reproduisent par rejetons ou par graines. Les rejetons portent des fruits au bout de six ou sept ans ; les semis, après seize années.

On fabrique à Nabel de jolies poteries, des tapis et des étoffes de laine, moins estimées que celles de Djerba.

Pendant la saison des pluies, l'éden de Nabel est sous la menace incessante d'une destruction complète ; un torrent le traverse, et chaque hiver il emporte quelques maisons. C'est lui qui dut faire crouler l'antique Néapolis, dont les ruines sont à peu de distance. Si la Tunisie était mieux gouvernée, l'oasis de Nabel serait depuis longtemps à l'abri du fléau ; les eaux du torrent deviendraient une source nouvelle de fortune pour cet heureux pays.

Hammamet, à dix ou douze kilomètres, au sud-est de Nabel, est une petite ville fortifiée, sans importance, dont la mer baigne les murs. Bâtie sur un roc, et sans cesse balayée par les brises du large, elle est d'une propreté hollandaise, chose assez rare, dans ces parages, pour être signalée.

Un peu plus au sud, Kourba, village de cinq à six cents maisons, n'a de remarquable que le torrent qui le traverse, quelques vestiges d'un ancien port, et un petit étang salé qui sépare ce village du littoral.

Toute cette partie du golfe est fertile et, relativement, peuplée ; les sables n'y envahissent point le sol cultivable. Il en est autrement depuis Hergla jusqu'à Monastir. Des quantités de sables d'une ténuité extrême y sont déposées par la mer, puis soulevées par les vents du nord et emportées dans l'intérieur, où elles forment des dunes qui s'élèvent jusqu'à dix à douze mètres de hauteur, recouvrent les arbres, les constructions, et continuent sans cesse leurs envahissements, auxquels les habitants n'opposent qu'un insuffisant palliatif. Quand leurs bois de palmiers et d'oliviers disparaissent sous les dunes, ils se contentent d'y faire passer la charrrue; le sable ainsi déplacé va ailleurs, et c'est tout; lorsqu'il revient, on recommence. Des travaux intelligents pourraient mettre obstacle à cette désastreuse transformation du sol; mais dans ce pays la nature est souveraine et rien ne s'oppose à ses fantaisies.

Entre Hammamet et Hergla, la côte est excessivement basse et assez fertile, parce que, malgré son sol sablonneux, elle est abondamment pourvue d'eau ; aussi a-t-elle de beaux jardins et des oliviers magnifiques qui, pas plus que tous les autres de la régence, ne sont greffés. Les cactus y abondent. Hergla en est entourée ; cette ville, signalée fort improprement par Shaw comme étant l'ancienne Adrumète, est en réalité l'Horrea-Cœlia romaine. De la cité ancienne rien ne subsiste ; la nouvelle est à moitié abandonnée depuis la famine de 1867. C'est à peu de distance d'Hergla que se trouve une immense plaine, la « Djeriba », que la saison des pluies transforme annuellement en un vaste marais où l'on voit d'extraordinaires effets de mirage. Une fois, en longeant la chaussée qui la sépare de la côte, je m'y suis vue moi-même, répétée à l'infini avec mon domestique et mon cheval, et formant à nous trois une interminable caravane ; au delà, un bois de palmiers et une ville, aussi fantastiques l'un que l'autre, se profilaient, fermant agréablement l'horizon.

Au-dessous d'Hergla, très près de la route de Tunis à Sousse, entre une petite baie que forme la mer empiétant sur le continent par un étroit passage, et un grand lac, ou plutôt un marais, nommé sebka Kalibia, se trouve Zembra.

Zembra est à six lieues, au plus, de Sousse ; ses ruines couvrent une vaste étendue, et sont devenues comme une carrière où chacun va puiser les matériaux dont il a besoin. Quelques voyageurs pensent que ces ruines sont celles de l'ancienne

Vacca qui fit sa soumission à César après la prise de Zeta. Juba, ayant appris cette soumission des habitants de Vacca à César, fit massacrer la population avant que César pût la secourir.

Ici encore règne une incertitude plus profonde que celle qui entoure Adrumète. Néanmoins, il est positif que Zembra fut un centre important. Les marbres que l'on y trouve attestent l'opulence qu'elle dut avoir jadis. On y heurte, à chaque pas, des fûts, des chapiteaux et même d'informes tronçons de statues. Si le sol était fouillé avec soin, nul doute que l'on y découvrît des monnaies, des inscriptions qui fixeraient l'opinion sur les ruines de Zembra ; mais là, comme les morts de la ballade, les ruines vont vite. Déjà, à l'une des extrémités de la ville, s'élèvent d'autres ruines plus récentes, dont les matériaux se mêleront bientôt à ceux de la cité romaine, d'où ils ont dû être primitivement tirés.

Ce sont les débris d'une colonie madianite, tribu dont le nom évoque les souvenirs bibliques, ce qui tend à prouver la justesse de cette opinion que les croyances sont comme les semences confiées à la terre, qu'elles ne disparaissent jamais entièrement. Ces Madianites, qui cultivaient les terres aux alentours de Zembra, en observant les préceptes de leur austère religion, avaient fondé de vastes établissements. Contrairement à l'architecture arabe, ils employaient le plein cintre dans les voûtes, ainsi qu'on le voit par le temple qu'ils avaient édifié et qui conserve encore une niche avec voûte rayonnée, et possède quelque analogie avec un oratoire chrétien.

En 1864, la révolte des tribus du sahel a chassé les Madianites de Zembra, renversé leurs habitations qui sont devenues une annexe des ruines auprès desquelles elles furent édifiées. J'étais seule et accompagnée d'un domestique, lorsque je visitai Zembra : j'y rencontrai, assise sur un tronçon de colonne, une vieille femme arabe et deux enfants qui s'approchèrent pour me demander l'aumône.

Au lieu de me jeter un regard méprisant et farouche, comme le font généralement les Bédouines quand elles se trouvent en face d'une chrétienne, cette femme, douée d'une loquacité remarquable, m'adressa la parole dès que je fus à portée de l'entendre.

Surprise, je l'examinai plus attentivement, et, à son costume étrange, même pour un pays où l'excentricité des vêtements n'éveille aucune curiosité, tant elle est fréquente, je reconnus une « xzanah » (diseuse de bonne aventure, sorcière, magicienne), comme on en voit beaucoup parmi les peuples superstitieux de l'islam. Les yeux noirs et brillants de cette vieille, sa physionomie intelligente, son visage bronzé, sillonné de rides profondes, ses traits fatigués et surtout ses gestes bizarres, firent une certaine impression sur mon domestique Abed.

— Ne lui parlez pas, me dit-il : c'est une sorcière, un mauvais esprit, le génie de ces ruines peut-être ; elle pourrait vous jeter un sort. Je crois qu'elle a le mauvais œil.

Cette objurgation ne produisit point sur moi l'effet qu'en attendait Abed. Quant à la femme, comme il parlait français, elle ne pouvait le comprendre. D'ailleurs, elle ne l'entendait point, et continuait à m'examiner avec persistance.

— Vous cherchez des ruines ? Avez-vous visité celles de cette autre ancienne ville des roumis, qui est située dans les montagnes de Trazza ? dit-elle en étendant, par un geste plein d'ampleur et de dignité, le bras du côté de l'ouest.

— Non, lui répondis-je.

— Allah ! Allah ! murmurait Abed tremblant.

— Eh bien, reprit la xzanah, c'est là qu'il faut aller pour voir des choses curieuses, merveilleuses.

— Quoi donc ?

— Tu verras au milieu des ruines, répliqua-t-elle s'adressant directement à moi, tandis que ses yeux s'animaient et lançaient des éclairs, tu verras un grand puits contenant l'eau la plus pure et la plus limpide, au fond de laquelle on aperçoit, très distinctement, des quantités prodigieuses d'argent et d'or ; mais des « djenouns » gardent ces richesses, auxquelles, jusqu'à présent, nul n'a pu toucher. Combien j'ai connu de beaux, de vaillants jeunes hommes qui, par amour, pour acheter une belle fiancée et la rendre heureuse, ont tenté de descendre dans ce puits et de s'emparer de ces trésors! Mais le gouffre les a tous dévorés, et ce qui est plus singulier, c'est que ces eaux n'ont point été corrompues par leurs cadavres; elles ont conservé leur tranquille pureté, et l'on n'a jamais rien revu des téméraires qui ont voulu les violer.

Pour moi, ajouta la xzanah, avec un sourire à la fois bienveillant et sardonique, je le crois fermement, ces richesses sont réservées aux roumis, qui, par leur science, auront le pouvoir de conjurer les démons, dont l'ignorance des Arabes ne saurait triompher. Autrefois, dans les temps du grand Salomon et de la reine Belkis, il n'en était point ainsi; c'était en Orient que s'accomplissaient toutes les merveilles; maintenant elles n'existent plus que dans les pays du soleil blanc et froid. C'était écrit.

La xzanah fit une pause et reprit en s'animant davantage :

— Comme il brille, ce trésor, comme il semble dormir mollement sur le sable fin, au fond de cette eau limpide qui, en raison de sa transparence, ne paraît point avoir l'épaisseur de ma main! Car je l'ai vue, je me suis penchée sur le bord du puits; mais alors j'ai senti, sous mes pieds, le sol frémir; l'eau troublée bouillonnait sous mon regard, et elle montait, montait comme pour m'engloutir. Je ne voulais point, cependant, ravir le trésor ; j'étais curieuse seulement de le contempler, et j'ai été satisfaite. Que ferais-je de cet or, moi pauvre femme dont la vie est comme le soleil qui disparaît à son déclin derrière la montagne ? J'ai ce qu'il me faut pour achever mon existence ; le ciel se refuse-t-il à me servir de tente, la pierre d'être mon oreiller et la terre à être mon lit ? Je pensais ainsi, accoudée sur le bord du puits ; aussitôt les eaux reprirent leur calme et leur clarté, ce qui prouve qu'elles sont « elfias », puis qu'elles lisent dans les cœurs. Je pus alors distinctement admirer à loisir les richesses qui ne m'inspiraient nulle envie, et mon désir fut comblé. Va, va, chrétienne, dans la montagne de Trazza.

En faisant ce récit, cette femme était de bonne foi. Le puits merveilleux doit être une source intermittente, comme il s'en trouve beaucoup en Algérie et dans la régence de Tunis ; de là les bouillonnements succédant au calme, et *vice versa*.

Quant à la légende fantastisque et à l'existence du trésor, elles sont à coup sûr le produit de l'imagination exaltée des Arabes, et nous devons la bénir, car nous lui sommes redevables de la conservation relative des ruines et des monuments anciens que l'on retrouve encore au milieu des tribus, et que les indigènes peuplent d'êtres surnaturels, qu'ils redoutent d'irriter en troublant le calme et la paix de leur séjour.

— Eh bien! dis-je à Abed, que les révélations de la xzanah paraissaient avoir rassuré et intéressé, nous irons peut-être à Trazza.

— Je vous y suivrai, me répondit-il avec résignation ; mais je suis musulman, et ce n'est pas moi qui chercherai à m'emparer du trésor.

Je ne me rendis point à Trazza ; mais nous continuâmes à explorer le sahel soussain, où il existe des villages et trois bourgs importants où nos troupes rencontreront probablement de la résistance : M'ssaken, dont j'ai parlé ; Djemal, qui, avec son annexe Zaouïa-Kantouche, a sept à huit mille habitants, et qui est le siège d'un califat ou lieutenant du kaïd de Sousse ; à treize kilomètres nord-ouest de cette ville, Kala-Kebira, dont la population égale à peu près celle de Djemal.

Les deux cercles les plus peuplés de la régence sont ceux de Sousse et de Monastir. Le sahel de Sousse possède environ quarante-cinq mille habitants. Dans des conditions normales, sous un gouvernement intelligent, une administration éclairée, honnête, soucieuse de ses devoirs, les ressources du pays étant mises en valeur, la sécurité des personnes garantie, l'usure réprimée, la population du sahel pourrait être triplée, et la contrée redevenir florissante comme elle le fut autrefois.

SOUSSE

I

Vue de la haute mer, par laquelle j'y arrivais, Sousse apparaît comme un diminutif d'Alger. Échelonnée du rivage méditerranéen au flanc et jusqu'au faîte d'un coteau, elle produit l'effet d'une vaste carrière de pierres de taille, bornée à l'est et à l'ouest par des massifs de verdure. Plus près, l'aspect se transforme, tout change. On distingue l'enceinte fortifiée de murs de défense, crénelés et renforcés de tours, de distance en distance comme les forteresses du moyen âge; la *casbah*, occupant un vaste emplacement sur la hauteur, ses donjons, les minarets des mosquées, les maisons en gradins avec leurs terrasses, et, — points de repère charmants et malheureusement trop rares, — des palmiers légers dont le tronc svelte, le panache aérien rompent l'éclatante monotonie de tous ces blancs trop crus que le ciel, d'un bleu profond, fait briller davantage. On aperçoit les vergers d'oliviers qui côtoient de chaque côté la ville et l'encadrent, de la mer au sommet de la colline, et l'on s'imagine que l'on va pénétrer dans un oasis, sinon dans un éden.

Mais quel désenchantement succède à cette illusion ! D'abord, si l'on s'est embarqué sur un navire d'un fort tonnage, il faut, grâce aux bas-fonds de la côte, stopper au large, bien loin du port envahi par les sables, se jeter en chaloupe et franchir ainsi plusieurs kilomètres avant d'arriver à quai.

Port et quai sont des mots bien ambitieux : le premier, pour désigner l'espace restreint qui en tient lieu, à l'abri d'une jetée rudimentaire ornée de vieux canons démontés, aussi inoffensifs que les épouvantails à moineaux de nos jardins, et juxtaposée à l'antique môle romain, qui la dépasse de beaucoup et dont on voit sous l'eau, par un temps calme, les vestiges encore respectables.

Quant au quai, il n'est figuré que par un mur de soutènement fort délabré et longeant le rempart à une distance que j'évaluai à quatre-vingts mètres environ. Au point de jonction de ce quai avec la jetée, il y avait, lors de mon arrivée à Sousse, une tour aussi illusoire pour la défense que tout l'armement de la place, dont la partie la mieux fortifiée, qui n'eût point résisté cependant à une volée d'artillerie, était le ksar Er-Ribat, ou château de la plage, non loin de la porte de la mer. Ce château carré avec ses trois tours avait un aspect qui me séduisit tout d'abord; mais quand je le visitai plus tard, ses dégradations intérieures me choquèrent : en Tunisie, tout tombe en ruines.

Parmi les nombreuses désillusions qui atteignent le voyageur, la plus désagréable est, sans contredit, la malpropreté hideuse, repoussante des rues, assez larges, pour des rues de ville mauresque, mais non pavées, et si couvertes d'ordures que le sol en est mamelonné et que les pieds y enfoncent dans des élasticités à faire frémir les plus aguerris; il s'en exhale des émanations pestilentielles. Cet état de choses antihygiénique ne semble préoccuper personne; les habitants le supportent avec un optimisme inconcevable. Un jour, près de la Marine, je vis un chameau mort, étendu au milieu de la rue : il y resta jusqu'à ce qu'en pleine décomposition, il eût rendu le passage impossible. Pour s'en débarrasser, on creusa un trou à côté, on l'y enfouit et l'on se tint pour satisfait.

« Soussa, dit le géographe arabe El-Bekri, a huit portes, dont celle qui est à l'est du bâtiment nommé Dar-es-Sânah (l'arsenal) est d'une grandeur énorme; c'est par là que les vaisseaux entrent et sortent du port. »

Ou Sousse est bien déchue, ou El-Bekri l'a vue avec les yeux de la foi, car je n'y ai vu que trois portes: Bab-el-Gharbi, ou porte de l'Occident; Bab-el-Bahr, ou porte de la Marine, et Bab-el-Djedid, ou porte Neuve; celle-ci ornée en damiers de pierres jaunes et rouges, tirées probablement de Zembra, et construite par ordre du général Raschid, qui commandait à Sousse, il y avait quelques années, lors de mon passage dans la Byzacène. Il la fit percer, pour son usage particulier, à l'extrémité d'une place, son œuvre également, et en face de son habitation, où il avait installé une horloge, la seule qui existe encore peut-être actuellement à Sousse.

Admirateur passionné de la civilisation, le général, ayant voyagé en France, se lançait à corps perdu dans le progrès; mal lui en prit... A la suite d'un de ces drames mystérieux, si fréquents dans les pays musulmans et où il ne faut pas chercher la femme, le bey le fit étrangler, bien qu'il fût officier de la Légion d'honneur.

Les portes des villes arabes fortifiées, celles des villes de la régence particulièrement, sont à elles seules des monuments curieux: voûtes tortueuses, flanquées de tourelles et percées intérieurement de casemates avec bancs de pierre, pour servir d'abri aux soldats de garde et aux préposés des droits. Les uns et les autres, dépenaillés, nu-pieds, représentent l'armée et la douane, institutions étrangement dénaturées dans le beylik, où les soldats mendient et sont toujours, ouvertement ou subrepticement, du parti des révoltés, et où les douaniers pratiquent la contrebande.

En novateur intelligent, le malheureux Si-Raschid avait aussi tenté de mieux approprier Bab-el-Bahr aux exigences modernes de la viabilité : il n'y réussit qu'à demi ; je le constatai en pénétrant pour la première fois dans la ville par cette porte, qui se rattachait directement aux voies principales de communication.

Le point central, donnant accès à tous les quartiers, était une place, un carrefour triangulaire entouré de maisons, de magasins de modeste apparence, et où l'on voyait l'unique fontaine de la cité ; et encore le mince filet d'eau qui s'en échappait était-il saumâtre. Là, se trouvait aussi l'abreuvoir.

Un peu à gauche de ce carrefour, j'admirai la grande mosquée, édifice imposant, à péristyle, orné de belles colonnes en marbre antique, de styles divers, relevées sur l'emplacement même et employées sans aucune préoccupation d'harmonie architecturale.

C'est sur ce point et dans les environs qu'étaient les habitations les plus confortables.

Dans une rue à gauche, dans une autre rue à droite, se voyait le grand Ksar, ou ancien château, le monument le mieux conservé, converti en sanctuaire musulman et dont une prohibition rigoureuse interdit l'entrée aux chrétiens. Le Ksar est une enceinte carrée, flanquée de tours, dont la plus haute domine de beaucoup la ville et servait de minaret à une *koubba* établie dans l'intérieur. Le portique du château est supporté par quatre énormes colonnes de granit noir du plus bel effet, dont les chapiteaux et les frises accusent un travail romain. De vastes citernes l'entourent; des débris de marbres et de poteries, de nombreuses parties brisées de mosaïques sont répandus sur le sol environnant, qui n'est plus qu'une nécropole où les sépultures musulmanes s'étendent sur celles des Romains, superposées elles-mêmes à celles des peuples puniques. Ces dernières se reconnaissent aux urnes grossières qui servaient à recueillir les cendres des morts.

Trois nationalités ont donc marqué leur séjour à Sousse par leurs sépultures. Le plus évident témoignage de l'importance de cette cité dans les temps anciens réside dans ces hypogées, encore remarquables, que les fouilles les plus légères découvriraient. Les vivants n'ont pu entourer leurs morts de tant de précautions luxueuses que dans des conditions d'aisance et de prospérité qui sont le fruit d'une longue habitation.

Une rue assez large, espèce de chemin de ronde, suit à droite le rempart jusqu'au faîte de la ville; quelques rues transversales y prennent naissance et correspondent avec la principale artère, qui enveloppe le quartier franc ou européen, où elle se bifurque pour monter, d'une part, au quartier musulman, et, de l'autre, joindre des embranchements conduisant à l'est de la ville.

Sousse a la forme d'un quadrilatère irrégulier; c'est à son angle méridional que se trouve la citadelle ou casbah, vaste amas de constructions hybrides, aussi défectueuses comme architecture que comme défense. L'extérieur de la casbah a un décor menteur, comme celui de la plupart des églises du Pérou : vaste portique, masure au delà. La porte monumentale de la citadelle soussaine est décorée de pierres rouges et vertes, couleurs du Prophète, et de nombreux croissants. L'étendard tunisien flottait au faîte.

De la plate-forme de sa tour la plus haute, nommée le nadour (belvédère), et qui la domine ainsi que tous les environs, on embrasse un panorama magnifique: la ville avec ses terrasses superposées, le château de la Marine, les minarets; la mer, où, dans ces parages, le flux et le reflux commencent à se produire d'une manière appréciable aux yeux; à l'est, les coteaux de Monastir, les lagunes salées qui brillent au soleil, les bois de palmiers qui semblent baigner dans l'eau leur chevelure, les massifs d'oliviers, les caroubiers superbes, les jardins, les îles des Deux-Sœurs, de la Tonara; à l'ouest, le vieux môle, la tour du port; plus loin, le promontoire d'Hergla, son village, Nabel, l'éden du golfe d'Hammamet, à l'abri du cap Bon qui le couronne. Du côté du sud, le regard embrasse la campagne, toute parsemée de vastes bourgs, plus populeux et plus étendus que Sousse, de coupoles de marabouts, et de maisons entourées de murs de défense et semblables à de petites forteresses, car, dans ce pays, il faut toujours se tenir en garde contre les coups de main. Au delà, la végétation devient plus rare ; les oliviers et les palmiers, plus clairsemés. Les collines dénudées mamelonnent l'horizon dans lequel elles se fondent. Seul, le pic du Zaghouan se dresse comme un géant et semble protéger à la fois la Zeugitane et la Byzacène.

Sousse est le chef-lieu du sahel et la résidence d'un kaïd, gouverneur de la ville et de la province, d'un général de division, d'un général de brigade, d'un muphti, chef religieux, et d'un kadi. Les casernes de la casbah peuvent contenir mille hommes, qu'elles n'ont probablement jamais logés ; l'armée tunisienne ne brillant que par le cadre des officiers. Les généraux y sont nombreux, et quels généraux ! Quant aux colonels, ils sont aptes à des emplois variés... En 1867, j'en ai vu un qui s'honorait de remplir les fonctions de cocher du vieux premier ministre, Si-Mustapha-Kasnadar, beau-père du fameux Kreïr-ed-din, devenu visir de la Sublime-Porte et entré actuellement dans la retraite avec le titre de muchir.

II

Il serait difficile de trouver dans toute l'Europe un hameau aussi dénué de ressources que Sousse : elle ne possède ni un hôtel, ni un restaurant, pas même un boulanger. Les galettes des négresses y tiennent lieu de pain, et encore ne les vendent-elles qu'à des heures réglementaires et dans certaines stations qu'il faut connaître. Il n'y existe que des boucheries indigènes, où la viande de mouton, d'agneau, de chèvre et de chevreau, — on n'y voit jamais ni bœuf ni veau, — est débitée en petits morceaux peu engageants, mal découpés et enfilés en grains de chapelet à des lanières de feuilles de palmier. Elle se vend à la corde, et non au poids.

Les magasins ferment tous à dix heures du matin ; les personnes qui ne se sont point approvisionnées avant cette heure-là sont condamnées à jeûner jusqu'au lendemain. La chaleur est telle que tout trafic et tout négoce n'ont lieu que dans la matinée. De midi à six heures du soir, les rues demeurent aussi désertes que le Sahara, et la ville ne reprend quelque animation qu'au coucher du soleil.

Sousse est dépourvue d'eau potable ; les puits que l'on y creuserait ne s'alimenteraient que d'eau saumâtre comme celle de la fontaine. Chaque maison a sa citerne pour recevoir la pluie, et, tous les hivers n'étant point également pluvieux, on ménage parcimonieusement sa provision, que la Providence seule peut renouveler. Ces citernes sont une des curiosités du pays : elles affectent, en réduction, la forme de silos, étroites à l'orifice et plus larges à la base. Leur épaisse margelle, à hauteur d'appui, est forée, au centre, d'une ouverture hermétiquement close, afin d'éviter l'évaporation, et qui a tout juste la largeur du sceau, long et étroit, servant à y puiser.

La population de Sousse pouvait, il y a une dizaine d'années, être évaluée à huit à dix mille âmes, dont huit cents Européens et deux mille Juifs.

Le culte mahométan est desservi par douze mosquées et une innombrable quantité de koubbas et de marabouts. Les chrétiens ne possèdent qu'une humble chapelle, sans aucun signe extérieur et sans cloche, dont un père capucin italien est à la fois curé et vicaire. Une communauté de religieuses françaises, de l'ordre de Saint-Joseph, est depuis longtemps établie à Sousse, y vivant misérablement d'aumônes. La supérieure cumule, depuis au moins quarante ans, les fonctions de médecin et de pharmacien, à la satisfaction générale. Les sœurs de Saint-Joseph ont une école où sont admises les petites filles de toutes les nations; elle est très fréquentée par les demoiselles arabes et israélites. Les Israélites ont une synagogue.

De même que dans toutes les villes de l'islam, les musulmans habitent le haut de la cité; le quartier bas est réservé aux Européens et aux Juifs, placés sous le protectorat du pavillon français. Cette colonie juive n'est pas la moins intéressante de la population de Sousse; à elle appartiennent le grand trafic et les plus importantes transactions de banque et de commerce. Elle détient la fortune du pays, qui lui doit de la reconnaissance : sans elle, il serait tombé dans un complet anéantissement; car, il faut le reconnaître, seuls les Israélites possèdent à un degré supérieur, parmi les Sémites, l'esprit de persévérance, l'intelligence, la lucidité indispensables dans les questions commerciales. Mais toute médaille a son revers, et les Juifs pratiquent l'usure dans des proportions telles, que les musulmans, paresseux, dépensiers et besogneux en général, ne sont plus que les obligés des fils d'Israël, lorsqu'ils ne dépendent point entièrement d'eux pour vivre.

Le costume des Tunisiens diffère de celui des

Algériens : ils portent le turban moins évasé, plus haut et plus serré, et, sur leurs vêtements, une tunique nommée *djebba*, en soie pour l'été, én drap pour l'hiver, mais toujours de couleur voyante.

Les femmes n'ont point, comme les Algériennes, le large pantalon turc, descendant jusqu'aux chevilles, mais un maillot. Elles ne portent point le *haïk* blanc, *k'ssa*, sous lequel les Mauresques d'Alger ont quelque chose de mystérieux et d'attrayant, mais un affreux voile noir, l'*adjar*, leur enveloppant la tête, le haut du corps, et qu'elles tiennent écarté à l'aide des deux bras tendus horizontalement, à la hauteur de la ceinture, afin de voir juste où elles marchent, ce qui est aussi disgracieux qu'incommode. Ainsi attifées, dans les rues elles ont l'air de véritables paquets.

Les « femmes des tentes » sont vêtues, comme les Bédouines de la province de Constantine, d'un ample sayon de laine ou de cotonnade descendant jusqu'aux genoux, retenu à la taille par une ceinture, un bout de corde, une lanière de cuir, ou, — luxe inouï, — par un foulard enroulé. Ce sayon leur sert à la fois de chemise, de jupe et de robe ; elles n'ont ni bas ni souliers. Leur coiffure consiste en un lambeau d'étoffe qu'elles portent à la créole. On ne peut rien voir de plus primitif que ce costume, sous lequel ces femmes à la peau cuivrée, aux yeux noirs, aux dents blanches, trouvent presque toutes le moyen d'être jolies et de montrer des formes dignes de la statuaire antique.

Les femmes israélites s'habillent d'une façon *aussi peu décente que coquette*. Si je ne craignais de paraître trop rigoriste, j'ajouterais que leur manière de se vêtir est l'emblème de leurs mœurs, dont la facilité dépasse tout ce qui se voit en Europe ; mais les hommes, n'étant pas plus austères, professent à cet égard une indulgence et un laisser-aller plus larges que les courtisans de l'OEil-de-Bœuf sous Louis XV. Les femmes israélites portent donc dans la cité soussaine une chemise de gaze, légère et transparente, à manches larges, étroite de corps, et dont la partie inférieure, très courte, se cache sous un pantalon de soie riche, de simple calicot pour les pauvres, aussi collant qu'un maillot et brodé très richement depuis l'endroit qui forme guêtre au-dessus du genou jusqu'à la cheville, où il se termine. Sur ces vêtements se jette une tunique demi-ajustée, sans doublure, avec bretelles en guise de manches pour la retenir aux bras, très échancrée sur la poitrine et s'entr'ouvrant assez pour ne point défendre aux regards indiscrets de distinguer sous la chemise de gaze des formes qu'elle ne dissimule nullement. Les soieries les plus légères, les couleurs les plus éclatantes, vert, rose, maïs, bleu de ciel, rouge cerise, sont employées pour cette élégante tunique. La coiffure est faite d'un foulard tramé d'or, posé à l'égyptienne, au sommet de la tête, sur des cheveux faux, car le mosaïsme interdit aux femmes mariées de faire parade de leur chevelure. A défaut de vertus plus sérieuses et d'un exercice moins facile, les dames israélites respectent ce précepte, et font venir de Paris ou de Marseille des chignons, des bandeaux qui leur servent à éluder les rigueurs de la prescription. Pour chaussures, elles ont d'élégantes mules de *maroquin* ou de velours brodées d'or, constellées de pierreries quelquefois, et sans talons.

Un tel costume outrepasse toutes les indiscrétions des travestissements des féeries. A Sousse, on est tellement accoutumé à le voir, que personne n'y fait attention.

D'où tire-t-il son origine ? qui l'a imaginé ? Un adamiste à coup sûr, une belle fille importunée de la chaleur du climat et faite de manière à n'avoir rien à redouter de l'examen des plus exigeants. Ceux-ci trouveraient à Sousse ample matière à satisfaire leurs yeux : on n'y voit ni une taille mal faite, ni une jambe mal venue. Tout demeure ce qu'il doit être, selon les différences d'âge, et la critique y est impossible. Le corset, les robes trop serrées et les autres exigences des modes européennes n'ont rien déformé, contourné ; les formes sont ce que la nature les a faites : admirables. La Vénus de Milo n'est point un mythe à Sousse ; et, en voyant passer devant ma porte des femmes si simples, si naïvement franches dans leur quasi-nudité, je me demandais lequel était le moins indécent, de leur costume ou de celui de nos Parisiennes, qui tantôt exagèrent certaines parties du corps, et tantôt portent, elles aussi, des vêtements collants plus impudiques que le nu.

Les Juifs s'habillent avec moins de goût que leurs femmes : ils portent le costume hybride oriental, des redingotes et des pantalons à la mode européenne avec le burnous, et se coiffent du fez ou de la *chechia ;* c'est d'une laideur comique.

Les Maures sont tels qu'on les voit partout : comme ceux d'Alger, ils sont prédisposés à l'obésité, ont les mains et les pieds petits, de grands yeux noirs, la peau blanche et, dans leur jeunesse, une beauté presque efféminée. Leurs femmes vivent chez elles, se réunissent aux bains, aux cimetières, et sont également belles et fort orgueilleuses. Elles professent pour les chrétiens un mépris d'un exclusivisme poussé jusqu'à la cruauté. Leurs mœurs, abritées par les murs du harem, laissent peu de prise aux observations et à la médisance; cependant, en cherchant bien, découvrirait-on peut-être que les harems ne sont pas précisément des sanctuaires de pureté, pas plus à Sousse qu'à Tripoli, Tunis, Le Caire et Stamboul.

Les Arabes de la Byzacène ne diffèrent point de

ceux du Sud algérien. Peut-être ceux-ci sont-ils encore plus fanatiques que ceux-là ; mais qui pourrait se targuer de les connaître ? Ils passent leur vie à dissimuler aux *roumis* leurs pensées, leurs coutumes ; ce qui est positif, c'est que partout ils sont nos ennemis et souhaitent notre ruine.

III

La misère extrême, excessive, étant en permanence parmi la population arabe du beylik, il n'y a pas lieu de supposer que les choses aient subi d'heureuses modifications. Dans le kaïdat de Sousse, on n'a point, pendant les années de famine, signalé, comme en Algérie, de faits d'enthropophagie ; mais les morts par la faim furent nombreuses. Dans les campagnes, dans les rues des villes, on ne voyait que des cadavres. Un témoin oculaire me disait avec horreur, — car le suicide, presque inconnu chez les sectateurs de Mahomet, est réputé comme un crime plus affreux que l'assassinat, — qu'une femme arabe, après avoir, dans le bazar de Sousse, vainement sollicité la charité, avait pris l'enfant qu'elle portait sur le dos et celui qui était attaché à son sein et leur avait broyé la tête contre les marches d'une porte ; après quoi, elle s'était précipitée dans un puits.

Lors de mon séjour à Sousse, il n'était pas rare de voir encore, accroupis sur des tas d'immondices, de pauvres enfants abandonnés y rechercher leur nourriture. Leur visage hâve et flétri, leurs membres décharnés accusaient les souffrances de la faim, qu'ils avaient endurée pendant la disette et qui leur avait fait contracter l'habitude de butiner dans l'ordure.

Sousse, par son commerce, est le centre le plus important du sahel ; c'est de son port que s'exportent annuellement les plus grandes quantités d'huile, d'olives, de dattes, de laines, de peaux et de savons, productions principales de la contrée ; mais la richesse par excellence, pour Sousse et pour les gros bourgs environnants, est le produit des oliviers, peut-être millénaires, que renferme cette partie du sahel. Presque tous les villages ont des moulins à huile où chacun apporte sa récolte, vendue d'avance, à forfait, à quelques opulents trafiquants juifs ou à des négociants génois ou marseillais.

Ces moulins primitifs sont tout ce qu'il y a de moins compliqué : de grandes aires bétonnées, percées au centre d'un trou, où l'on fait passer un madrier tournant adapté à un morceau de colonne antique ramassée sur le sol et primitivement destinée à un plus noble, sinon plus utile usage, constituent tout le mécanisme de la cloche. Les olives sont jetées sur l'aire; un chameau met, par le tirage, la machine en mouvement; les olives sont broyées entre l'aire et la meule, et l'huile, par une rigole, tombe noirâtre et dégouttante dans des récipients *ad hoc*.

Ce procédé est aussi élémentaire que défectueux, et il en résulte un déchet énorme ; mais dans cette contrée de routine, de paresse et d'incurie, on préfère suivre les errements tracés qu'innover, et personne ne s'avise de faire venir d'Europe des moulins mécaniques qui donneraient des rendements supérieurs.

Des récipients, les huiles passent dans de vastes citernes, dans le genre des silos à blé, d'où elles ne sont extraites que pour être exportées en Europe, où elles subissent des épurations successives pour être rendues comestibles. La plus grande partie est écoulée pour l'industrie. Lorsque la récolte a été bonne, le trafic des huiles donne lieu à un mouvement d'affaires de plusieurs millions.

La cueillette des olives est pleine d'animation et de gaieté; tout le monde y gagne. Les Arabes de l'intérieur, hommes, femmes, enfants, envahissent le sahel pour y prendre part en qualité de tâcherons, comme les Kabyles algériens descendent de leurs montagnes pour aider à faire les moissons dans le Tell.

IV

La société soussaine se compose des familles des agents consulaires, de celles de négociants italiens, maltais, israélites sous le protectorat français, grecs et français, dont l'origine remonte pour la plupart au temps de l'esclavage. Tout ce monde est en relations plus ou moins intimes, plus ou moins suivies. La plus grande ambition des femmes de l'endroit est de posséder un piano. J'en connais une qui, sans études préalables, avait appris une mazurka et les premières mesures de la cavatine de *Rigoletto*. Dès son lever à l'heure de la sieste, et du moment qui suivait la sieste jusqu'à celui où elle se couchait, cette dame les jouait à perpétuité, les agrémentant de variations hasardées et m'infligeant un inoubliable supplice.

Le plus ardent désir de la jeunesse féminine est de voir Paris ; elle en rêve, et prononce ce mot *Paris* avec des airs de convoitise assez semblables à ceux d'une chatte en présence d'une jatte de crème. Faute de pouvoir faire le voyage, que repoussent dans les contingents de l'avenir les maris, hommes pratiques, on se console en important à Sousse les modes françaises. Celles qui en ont la possibilité se font habiller à Paris, en font venir leurs coiffures et le reste. Rien n'est comique comme de voir, par une chaleur de 40 à 45 degrés, une élégante Soussaine suant à grosses gouttes sous un chapeau de velours qui, en Europe, serait allé depuis longtemps rejoindre les neiges d'antan et les vieilles lunes.

Cependant on se réunit quelquefois pour des sauteries où les fils des dignitaires musulmans viennent, à l'insu des leurs, en habit noir, cravate blanche, gantés de frais, et où ils dansent avec une émulation et un entrain remarquables. Sous prétexte de se rafraîchir, et comme on est privé de glace, on absorbe, dans ces circonstances, des quantités prodigieuses de punch, grogs, et même de l'eau-de-vie « en nature », pour employer le langage du cru.

Les hauts fonctionnaires du beylik, le kaïd gouverneur, qui, lorsque j'étais à Sousse, se nommait Si-Bôu-Bekre et était un homme charmant, les généraux, etc., vivent à part et dédaignent le monde européen. Les citadins musulmans font de même et ne participent pas plus aux plaisirs qu'au mouvement des affaires. En général, ils ne sont pas très riches; les uns vivent de quelques intérêts sur les plantations d'oliviers; les autres sont fabricants de beaux tissus indigènes, une des spécialités du Byzacium. Quelques-uns font un petit négoce, mais tout cela sans bruit, sans agitation, avec une digne et paisible philosophie, bien éloignée du tapage que mènent les Européens.

Arrivée à Sousse depuis peu de jours, je m'y étais installée dans une de ces maisons que l'on nomme maisons mauresques et qui ne sont que la reproduction presque exacte des habitations grecques et romaines, avec leurs quatre corps de logis égaux donnant sur une cour intérieure, leurs chambres longues et étroites, ne prenant jour que par des meurtrières percées dans la muraille, leur porte massive et haute, de forme carrée, et leurs lits de bambous superposés comme des couchettes de paquebot, mais élevés à la hauteur de trapèzes auxquels on ne peut monter que par une échelle, et leurs niches pratiquées dans l'épaisseur du mur en guise de placards. Ensemble primitif peu fait pour égayer une personne habituée au confort relatif des habitations européennes.

Occupée à mettre en ordre mon léger bagage de campagne, je maugréais contre la simplicité par trop antique de ma demeure, quand, par la porte ouverte de ma chambre, j'aperçus dans la cour deux personnages étrangers à mon entourage. Leur aspect farouche et sauvage éveilla naturellement mon attention ; dans ce pays il est indispensable, pour sa *sécurité*, de se rendre compte de tout ce qui paraît insolite. Ces deux hommes puisaient sans façon à ma citerne et s'offraient réciproquement à boire.

— C'est très original, pensais-je, mais d'un sans-gêne par trop abrupt et sans aucun charme.

Et, appelant aussitôt un de mes domestiques, dont la spécialité consiste à être absent quand j'ai besoin de lui, mais qui, par hasard, put répondre à mon appel, je l'interrogeai sur ces étrangers en l'admonestant de les avoir laissés pénétrer chez moi sans mon autorisation.

— Comment aurais-je pu ne pas les recevoir ? me répondit-il en français et sans s'émouvoir aucunement : ce sont des envoyés du grand chérif qui vous apportent une lettre de leur maître.

Pour le coup, je me crus transportée dans les espaces des *Mille et une Nuits*.

— Des envoyés du grand chérif ! m'écriai-je ; mais nous ne sommes ni en Asie, ni dans le territoire de La Mecque, et je ne sache pas qu'il y ait un grand chérif dans la régence de Tunis !

Sans paraître se soucier le moins du monde d'une observation si remplie de justesse, mon serviteur me remit, avec une importance pleine de dignité, un pli scellé d'une demi-douzaine de cachets verts et rouges.

Je rompis les sceaux de la missive du grand chérif et j'essayai de déchiffrer sa prose ; mais, si j'épelle un peu la belle calligraphie orientale, je n'ai jamais pu parvenir à déchiffrer l'affreuse et incorrecte écriture de la plupart des Arabes ; or le grimoire que j'avais sous les yeux ne ressemblait à rien de connu : aussi ma science fut-elle complètement mise en défaut.

Désappointée, j'interrogeais du regard mon serviteur, debout auprès de moi, et que la curiosité poussait à se pencher pour mieux voir la mystérieuse épître.

— Oh ! oh ! répondit-il à ma muette interrogation avec un air mécontent, ce chérif est donc un personnage considérable, plus considérable que vous ! Il a posé l'empreinte de son cachet tout au haut de sa lettre, ce qui ne se fait que quand on écrit à des inférieurs. Lorsqu'il s'agit de quelqu'un de distinction, on place le sceau au bas de la feuille.

— Ce que tu dis là, je le sais aussi bien que toi, répliquai-je, et je n'y attache pas plus d'importance que cela n'en mérite ; ce qu'il me faut, c'est un taleb (écrivain) capable de me traduire immédiatement ce griffonnage et d'y faire, s'il y a lieu, une réponse en mon nom, car je veux pouvoir congédier le plus tôt possible ces singuliers envoyés dont le sans-gêne me déplaît.

En effet, les deux ambassadeurs s'étaient définitivement installés au milieu de ma cour et réclamaient impérieusement le *couscous* de l'hospitalité, que je n'avais point à leur disposition. J'étais donc assez embarrassée; mais Abed, mon factotum, est un garçon avisé :

— Je m'en vais, me dit-il, leur donner une bouteille d'huile, du pain et des olives, et pendant leur repas j'irai chercher la traduction de la lettre du grand chérif.

Tandis qu'Abed se mettait en quête d'un de ces lettrés arabes que l'on décore pompeusement dans le Levant du nom de taleb ou d'*effendi*, et qui ne sont que des cuistres de premier ordre, je réfléchissais aux inconvénients de la confusion des langues dont nous sommes redevables à la malencontreuse édification de la tour de Babel. A Sousse, on ne parle aucune langue d'après les règles établies : l'idiome de l'endroit est un composé barbare d'arabe, d'italien, de maltais et de franc, inimaginable pour quiconque ne l'a pas entendu.

Abed fut absent pendant deux heures au moins, ce qui me prouva que le grand chérif n'écrivait guère couramment, même pour les *tolbas* soussains, ou que ceux-ci sont rares.

Les envoyés, après avoir achevé leur festin, s'étaient roulés dans leurs burnous et dormaient au soleil, sur la terre nue, avec la quiétude parfaite de véritables lazaroni ou de chiens.

La traduction me fut enfin rapportée, et, avec

elle, des renseignements sur l'illustre personnage qui daignait entrer en relations épistolaires avec une mécréante chrétienne telle que moi.

Le chérif est un haut dignitaire religieux, quelque chose comme un archevêque-cardinal, plus peut-être.

Or ce dignitaire avait eu, la nuit précédente, un songe que, par permission expresse et grâce d'en haut, il me transmettait, à moi, infidèle; car ce songe me concernait spécialement.

Sidi Bou-Rouï, un santon vénéré, mort depuis plus de deux cents ans et dont la koubba (tombeau) se trouve peu éloignée de la maison que j'habitais, était apparu au chérif et lui avait révélé qu'il avait bien voulu me prendre sous sa protection parce que j'étais au nombre des justes, et que désormais je réussirais dans toutes mes entreprises et que j'allais être, sous peu, comblée des plus hautes faveurs de la Providence.

D'après le grand chérif, je ne devais point me montrer ingrate envers sidi Bou-Rouï, et, pour reconnaître sa bienveillance, mon devoir immédiat était de faire présent à lui chérif, qui m'avait annoncé la bonne nouvelle, de trois cents piastres, de trois étendards en soie verte et jaune, de trois pièces de calicot fin et de trois plats de couscous pour trente-trois personnes, mangeant chacune comme trois.

Le chiffre trois, ainsi répété, avait une signification cabalistique qui ne pouvait m'échapper et qui ne me déplut point.

— Eh bien! me dis-je, voilà un songe d'une interprétation moins difficile que celle du songe du Pharaon ; mais je ne suis point roi ni reine d'Égypte, pas même de Tunes, et je ne récompenserai pas l'intéressé songeur.

Puis, m'adressant à Abed :

— Retourne, ajoutai-je, auprès du savant traducteur de la lettre du grand chérif, et prie-le de répondre sur-le-champ, car il faut absolument congédier ces dormeurs importuns.

— Mais que voulez-vous faire? repartit Abed ; donnez-vous ou refusez-vous les présents?

— Ni l'un ni l'autre. Tu diras à l'écrivain de remercier le grand chérif et de lui faire entendre que j'attends le commencement de l'exécution des promesses de sidi Bou-Rouï pour lui témoigner plus effectivement ma reconnaissance. Quant aux trois plats de couscous, ils seraient refroidis avant d'arriver chez le chérif. Ne m'as-tu pas dit qu'il demeure à douze lieues d'ici?

— Certainement.

Ma réponse me fut remise ouverte, afin que je pusse la vérifier et y apposer l'empreinte de mon sceau.

— Surtout placez-la bien à gauche et au-dessus de la feuille, me dit Abed, très jaloux de mon importance; puisque le chérif vous annonce une si haute fortune, il doit comprendre que, depuis que sa lettre est en votre pessession, vous êtes au-dessus de lui.

— A la bonne heure! répondis-je; tu es un garçon intelligent, Abed, et tu seras toujours mon premier ministre.

Je doute que ma missive ait comblé les vœux du grand chérif; mais ses messagers, qui avaient terminé leur sieste, avaient paru très satisfaits quand je la leur fis remettre. Il ne leur fallait, après tout, qu'un pli cacheté à emporter en échange de celui dont ils avaient été chargés. De plus, ils avaient absorbé un litre d'huile à quinquet, mangé du pain, du vrai pain français, et des olives à discrétion ; il ne leur avait manqué que des mauves bouillies pour avoir fait un repas des dieux, — tel que l'entendaient les Spartiates.

L'huile n'est-elle pas, d'ailleurs, le nectar et l'ambroisie des Arabes du sahel tunisien? On ne saurait imaginer la joie et les liesses que procure cette denrée bénie. La saison de la récolte des olives et de la fabrication de l'huile peut être comparée à celle des vendanges en Bourgogne et dans le Jura.

Toutefois les voitures chargées de raisins et qui répandent un parfum si agréable sont, dans la Byzacène, désavantageusement remplacées par deux à trois mille chameaux, envahissant quotidiennement, pendant trois mois, les rues de Sousse, pliant sous le faix d'outres ruisselantes, se heurtant, beuglant, recevant de tous côtés d'homériques coups de bâton, et répandant finalement un peu du précieux liquide sur le sol et les vêtements de ceux qui s'aventurent dans les rues étroites et tortueuses tandis qu'ils les encombrent.

L'existence n'est alors guère possible à Sousse que pour les trafiquants de cette denrée que l'espoir de gros bénéfices promptement réalisés amène dans ces parages, et pour les Arabes employés à la cueillette des olives et qui trouvent dans cette occupation relativement lucrative un allègement à leur profonde misère.

Quel contraste entre le passé et le présent de ce pays ! Les récoltes s'y faisaient jadis au chant des « théories », remplacées par les mélopées monotones des cultivateurs indigènes. Cependant beaucoup d'usages anciens subsistent : ainsi les actes qui établissent l'authenticité des transactions, les titres de propriété, de créance, sont encore écrits sur des bandes d'étroit papier que l'on roule comme on faisait autrefois le papyrus. Ces papiers roulés sont une des plaies de cette contrée, dévorée par tant d'autres. En effet, il est loisible par ces titres, véritables lettres de change, valables sans acceptation, de créer des valeurs à l'insu de la partie la plus intéressée et de faire emprisonner celle-ci pour une dette fictive. Réclamer serait inutile, dangereux même, et ne ferait qu'aggraver la situation, car il y a toujours derrière le détenteur du titre une autorité complice du larcin. Ces titres se nomment en arabe *adelas*. Il suffit de deux scribes s'intitulant, de leur propre autorité, notaires, pour donner naissance à un *adel*. L'unique contrôle qu'aient à redouter les fabricateurs de ces pièces est celui de leur conscience, et Dieu seul peut savoir ce qu'est la conscience d'un officier ministériel tunisien ! De plus, leur domicile est fréquemment inconnu. Les *adelas*, aussi nombreux que la monnaie de billon, et transmissibles, dissolvent la substance de la régence.

L'ethnographie néglige trop de signaler la conservation et l'exagération des « us » des Romains par les peuples qui leur ont succédé ; pourtant ces us contribuent à l'épuisement des contrées qui les pratiquent. Les lois inflexibles de l'ancienne Rome semblent, en Tunisie, s'être maintenues jusqu'à nos jours pour protéger le créancier contre la mauvaise fois supposée du débiteur ; mais à quels abus entraîne cette coutume, particulièrement dans les centres commerciaux de la côte ! La moitié de la population incarcère l'autre ; le père peut être emprisonné pour son fils, le fils pour le père, celui qui ne doit rien pour celui qui doit. Le débiteur devient la propriété de son créancier, qui le fait mettre en prison, selon son bon plaisir, sans aucune forme de procédure. La volonté de l'un dispose de la liberté de l'autre à toute heure, en toute circonstance, sans préliminaires, et, pour échapper à de telles rigueurs, il n'existe d'autre ressource que celle du paiement intégral de la dette contractée. Est-il nécessaire d'ajouter que ce paiement est fort difficile, car le principal s'augmente si rapidement des intérêts que, lors même que l'on acquitte l'un, l'autre ne cesse de grossir dans des proportions ruineuses. Le taux habituel de l'intérêt varie de 2 à 5 pour 100 par mois, augmenté, à chaque échéance annuelle du capital remboursable, d'un tiers de celui-ci, intérêts compris. On peut, d'après cette désastreuse coutume, juger quelles sommes fabuleuses produit au bout de deux ou trois années la plus mince valeur. La solution la moins rigoureuse pour le débiteur est de travailler au profit de son créancier, sans espoir de s'acquitter jamais. Les débiteurs sont presque tous Arabes, les créanciers Israélites. Ceux-ci pourraient même disposer de la liberté d'une partie des fonctionnaires musulmans : il en est peu sur lesquels ils n'aient des *adelas*, en d'autres termes le droit d'incarcération.

Que deviendrait le gouvernement beylical si on lui appliquait l'usage en vigueur dans ses États?

V

Sousse est-elle ou n'est-elle point Adrumète, l'ancienne capitale de la Byzacène, que Procope a écrit tantôt *Adrametos* et tantôt *Adramytos*, tandis que d'autres écrivains, tels que Scylax et Polybe, la nomment *Adrymès*, que Strabon reproduit sous la forme *Adrymé?* Salluste dit qu'Adrumète fut une colonie phénicienne, ainsi que les autres villes de la côte, parmi lesquelles elle obtint le premier rang en raison de la fertilité de son territoire. D'après l'anonyme du *Périple*, Adrumète n'avait point de port, ce qui est confirmé par Hirtius, qui raconte que César fit le tour de la ville à cheval : *Cæsar circum oppidum victus natura loci perspecta redit in castra.*

« Après avoir beaucoup souffert dans la guerre de César, dit Marcus, Adrumète retrouva quelque aisance sous Trajan, qui lui accorda le titre de colonie romaine. »

Elle est citée par Procope comme une ville riche

et populeuse et comme capitale du Byzacium. Les Vandales démolirent ses murailles reconstruites par Justinien, et finalement elle fut détruite par les Sarrasins.

Peu d'auteurs sont d'accord sur l'emplacement d'Adrumète. Les uns prétendent qu'il faut la chercher à Hergla, les autres à Sousse, et, malgré l'opinion de Shaw, malgré l'assertion admise qu'Adrumète ne possédait point de port, tout semble résoudre la question en faveur de Sousse, qui cependant est un port.

La mer aurait donc, à cet endroit, *gagné sur le* continent, contrairement à ce qui se passe ailleurs? Les distances reliant les lieux les plus connus de la Byzacène à Adrumète sont une première preuve affirmative en faveur de Sousse; puis le sol que recouvre la ville renferme de nombreux débris de constructions, et ses alentours sont jonchés d'hypogées. A cent mètres à peu près d'une des portes, Bab-el-Gharb, on voit les restes d'importantes citernes et de leurs canaux, qui devaient conduire les eaux dans la cité. Tout près sont des ruines énormes que les Arabes nomment *Hadjar-Meklouba*, « la Pierre-Renversée ». Dans l'enceinte de Sousse, quelle que soit la partie où l'on creuse, on découvre des fûts de colonnes, des colonnes entières, des mosaïques et une foule d'autres objets dont l'authenticité punique ou romaine ne peut laisser aucun doute.

Jusqu'à présent aucune inscription n'est venue fixer l'incertitude qui existe chez quelques archéologues. Il en est de même pour la majeure partie des ruines qui se voient dans le pays. Les iconoclastes ne se bornaient point à détruire l'image de l'homme, mais encore tout ce qui pouvait le rappeler aux âges à venir.

Je persiste à croire, avec Pélissier et Guérin, que Sousse est bien l'Adrumète d'autrefois. Hergla, que Guérin désigne comme l'ancienne Horréa-Cœlia, n'est pas située de manière à confirmer l'opinion de Shaw, bien qu'elle se trouve, comme Sousse, dans le pourtour du vaste golfe circulaire qui s'étend du cap Bon, jadis promontoire de Mercure, à Monastir, que l'on suppose être Ruspina, où débarqua César lors de son expédition contre Pompée. A cette époque, Ruspina éprouva de grands désastres dont elle ne se releva jamais. Le *Périple* la mentionne en ces termes : « A quarante stades plus loin, tu as devant toi un cap du sommet duquel s'élève un temple de Dionysos. Il y a un mouillage. » Strabon la nomme parmi les villes saccagées, et Pline la range parmi les villes libres.

Si Monastir est l'ancienne Ruspina, c'est la preuve la plus positive que Sousse est Adrumète. Le calcul des distances entre ces deux localités, tel qu'il fut fait par les anciens, ne laisse subsister aucun doute à ce sujet.

Le nom de Sousse, en arabe Soussa, est indiqué dans l'histoire musulmane au XIe siècle de l'hégire. Elle fut fortifiée sous le règne de Ziadet-Allah-ben-Aglab, successeur d'Ibrahim, fils d'El-Aglab (770), fondateur de la noble dynastie des Aglabites qui régna pendant un peu plus d'un siècle sur l'Ifrikat, d'où elle s'étendit sur l'Italie et les côtes de la Méditerranée. D'après l'historien arabe Aboul-Féda, c'est du port de Sousse que partirent les musulmans pour envahir la Sicile, qui devint si florissante sous leur domination.

En 1537, Sousse fut attaquée et soumise par une flotte espagnole et maltaise que commandait André Doria pour Charles-Quint, et, en 1770, une flotte française bombarda encore cette ville.

Après Adrumète, les lieux les plus célèbres du sahel de l'ancien Byzacium sont : Dimas ou Thapus, où César battit M. Scipion et Juba; El-Djem, autrefois Thysdrus, où les deux Gordien furent proclamés empereurs et où existe un amphithéâtre, sinon aussi beau que le Colisée, du moins mieux conservé; Haïla ou Sbéitta, la Sufetula des Romains, dont les ruines sont les moins dégradées de toutes celles que j'ai vues dans la Byzacène; Scilitana, où se trouvent encore un bel arc de triomphe et de nombreux monuments funéraires; Assuræ, où l'on distingue les traces des rues, de riches édifices, une belle porte triomphale, des mausolées, des temples; Mahédia, Afriquia, où

Hannibal s'est embarqué en quittant l'Afrique; Sélecta, le *Syllectum*, d'où Bélisaire se rendit à Carthage après son séjour à Caput-Vada; puis cent autres localités dont les ruines amoncelées n'ont pas même conservé de nom.

LES LIEUX SAINTS. — MSAKEN. — KAÏROUAN

I

Il existe en Tunisie, dans la province de l'ancien Byzacium, deux centres de population : Msaken et Kaïrouan, nommés par les musulmans « les lieux saints », véritables repaires du fanatisme et de l'horreur de l'infidèle.

Msaken, situé à neuf kilomètres sud-ouest de Sousse, dans la région des plantations d'oliviers, sur une des imperceptibles et dernières ondulations montueuses du sahel, est un bourg prospère qui compte de huit à neuf mille habitants. Sa qualification de lieu saint lui vient de la *medresa* de Sidi-Ali-ben-Khalifa, école célèbre, non seulement dans la régence, mais dans la Tripolitaine, l'Algérie, et qui a acquis par l'enseignement supérieur qu'on y professe, par le nombre considérable d'élèves qu'elle reçoit, l'importance d'une université. Msaken est la Séville, la Padoue, l'Oxford, la Cologne de la Tunisie, et il s'en échappe, chaque année, une foule d'effendis, de tolbas, de docteurs en théologie et en droit musulman qui infestent le pays de Tripoli jusqu'au Kef, à Béjà et au Sud algérien, propageant leurs doctrines anticivilisatrices et leur haine du chrétien. La plupart sont membres de l'association des Khouans (1), cette redoutable franc-maçonnerie arabe dont les affiliés prêchent sans cesse la guerre sainte et sont en lutte ouverte contre nous.

De même que les autres centres non fortifiés du beylik, Msaken occupe une vaste superficie, chaque habitation étant presque isolée par ses dépendances et par les jardins qui l'entourent. Cependant le centre du bourg est plus homogène; là se groupent plusieurs mosquées, des écoles et des maisons à rez-de-chaussée seulement, qui s'alignent bordant la rue principale, on pourrait dire unique, agrémentée de quelques beaux palmiers.

Msaken ne possède point de bazars, fort peu de magasins, pas d'entrepôts d'huiles; pourtant, si une partie de son opulence réside dans son université, la source la plus productive de ses revenus est due à ses plantations d'oliviers, dont la récolte est généralement achetée à l'avance par des Israé-

(1) Prononcez *Krouans*, frères.

lites soussains qui ne se hasardent guère à pénétrer dans Msaken, où ils seraient sans doute assassinés.

L'accès de cette cité sainte est formellement interdit aux chrétiens, et par chrétiens il faut entendre tous les Européens sans distinction ; le souverain même ne peut en aucun cas exiger qu'ils y soient admis. Il en est ainsi de Kaïrouan, où l'*amar* (1) beylical n'est plus un ordre, mais une simple prière à laquelle il est loisible aux autorités des lieux sacrés de ne point faire droit.

On ne peut donc guère s'introduire à Msaken, dont les habitants sont plus fanatiques encore que ceux de Kaïrouan, que par stratagème ou dans des circonstances particulières, et, comme je ne voulais pas user de l'un et que les autres n'étaient point à ma disposition, je me contentai de voir le bourg des hauteurs qui l'avoisinent du côté de l'est. De là il apparaît charmant; les minarets de ses mosquées semblent s'élancer vers l'infini ; les dômes arrondis de ses koubbas contrastent avec la forme plate des terrasses de ses habitations peu élevées et si blanches, parmi les sombres caroubiers, les bananiers élégants aux longues feuilles satinées, les massifs d'oliviers grisâtres, les grands palmiers, les grenadiers aux fleurs éclatantes, aux frondai-

(1) *Amar*, c'est l'équivalent du firman.

sons claires, et les enclos formés de haies de cactus et d'aloès.

Au moment où nous allions redescendre la colline vers trois heures un quart, l'étendard de l'islam était arboré sur le faîte des minarets des onze mosquées de Msaken, et sur chacune des onze plates-formes de ces tours un *moëdden* psalmodiait, en se tournant vers les quatre points cardinaux, la profession de foi de l'islam. Nous étions assez proches d'eux pour entendre leur chant guttural plein de modulations étranges et d'une harmonie bizarre, pénétrante. S'élevant dans ce désert, ce chant était d'un effet autrement saisissant et majestueux que le son de nos cloches. A ce pieux appel, quelques Arabes disséminés dans les cultures se mirent à prier. Quant à moi, pour habituée que je fusse à de tels spectacles, j'en étais impressionnée.

Nous avions un vif désir de visiter Kaïrouan, l'autre cité sainte et mystérieuse, dont on disait des merveilles que la plupart de ceux qui en parlaient n'avaient point constatées. Ceux qui avaient réellement franchi les murs de Kaïrouan exagéraient à dessein, comme preuve de leur supériorité, les difficultés de l'entreprise ; mais, ainsi qu'il arrive presque toujours en pareil cas, ils ne firent qu'aiguillonner notre curiosité et affermir notre projet.

Je m'avisai d'entretenir de ce projet le kaïd de Sousse, sidi Bou-Bekre, rare musulman de la vieille roche, moins croyant que sceptique, le plus aimable et le meilleur des hommes, avec lequel nous étions en relations aussi intimes que le peuvent être des *roumis* avec un haut personnage officiel mahométan.

— Je vous y conduirais volontiers, me répondit-il, mais ce ne serait bon ni pour vous ni pour moi. Tout ce que je puis faire, c'est de mettre ma voiture et mes gens à votre disposition, de vous donner une escorte et mon secrétaire, qui vous accompagnera et sera porteur d'une lettre de recommandation vous concernant pour le *kiaïa* (1). Peut-être vous permettra-t-on de faire un tour dans la ville, mais je n'en réponds pas. Cependant ma lettre au kiaïa a, au moins dans cet endroit-là, autant de valeur qu'un amar-bey.

Ce fut sur ces assurances aléatoires que nous partîmes vers quatre heures du matin, assez perplexes, le kébir (mon mari), sidi Chibani, secrétaire du kaïd, et moi, dans la calèche de celui-ci, sous l'escorte de six cavaliers arabes bien montés, armés et coiffés du grand chapeau kabyle couvert de plumes d'autruche.

Nous étions certains de contempler les murs de la Sion africaine de l'islam, mais rien de plus.

La route, de cinquante kilomètres environ, de Sousse à Kaïrouan, est d'une tristesse morne. Dès

---

(1) Gouverneur réunissant les pouvoirs civils et militaires.

que l'on a laissé derrière soi les derniers contreforts du sahel et la région des cultures, qui ne dépasse point un périmètre de quatre à cinq lieues, on ne rencontre que quelques *henchirs* (1) délabrés, des ruines et encore des ruines. On laisse à droite un lac salé, la sbekha Kalibia, ou Fekira-Fatmah, du nom d'une sainte dont la koubba est au bord de ce lac. On a à sa gauche Msaken, puis on côtoie un autre lac également salé, la sebkha Sidi-El-Hani, dont la surface étincelle au soleil ; on est alors dans la plaine sablonneuse, interminable, grise et monotone, où, pour toute verdure, il n'y a que quelques oliviers tordus, contournés, mal venus, et de maigres cactus rabougris.

Une profonde mélancolie s'empare du voyageur qui traverse ces parages stériles et désolés, d'où la vie semble absente et où l'intensité de la lumière partout égale et sans aucun point d'ombre est aussi lugubre que celle des ténèbres. On dit pourtant qu'après les pluies, quand l'année est pluvieuse, ce qui n'est point fréquent, ce désert s'anime ; le sol vivifié produit des prairies où les pasteurs viennent faire paître leurs troupeaux. On était au mois de décembre, et cependant nous ne vîmes rien de pareil, la saison étant exceptionnellement sèche. Notre voiture, qui ne suivait plus aucune voie

(1) Fermes.

tracée, enfonçait dans le sable ou s'embourbait dans les marécages salins.

Nous avions passé dans le lit à peine humide d'une rivière, l'oued Laya, qui se jette dans la mer entre Kouda et Kala-Sgheira (1). Aux berges hautes et espacées à la largeur des sables ravinés, on peut juger qu'après les pluies l'oued Laya prend les proportions d'un torrent.

Tout à coup, bien loin encore, au bout de l'horizon, se dresse devant nous, dans l'implacable clarté rougeâtre d'une journée de *chili* (vent du sud), le minaret de la grande mosquée de Kaïrouan. A mesure que nous avançons, les silhouettes d'autres mosquées, moins élevées, se détachent en flèches blanches sur l'espace ; puis les dômes des koubbas, le faîte des édifices se dessinent nettement. Au milieu de cette solitude plane, de ce désert morne, la ville sainte a une majesté grandiose, d'un caractère tout exceptionnel.

Nous traversons encore un marais attenant au lit d'une autre rivière, l'oued Zeroud, et bientôt nous passons devant des koubbas de marabouts, entourées de zaouïa, et nous pénétrons dans un des faubourgs les moins populeux qui s'étendent hors de l'enceinte fortifiée de la ville, tout près des

(1) Dont nos troupes viennent de prendre possession sans combat. Kala-Sgheira est à quatre kilomètres de Sousse.

murs crénelés, avec leurs tours rondes ou carrées, à demi encastrées, de distance en distance, dans l'épaisseur de la muraille.

Là, sidi Chibani nous explique que nous aurions pu suivre un chemin plus direct pour arriver sous Kaïrouan, mais que celui-ci est moins fréquenté, plus sûr par conséquent.

Cependant la voiture s'arrête, et aussitôt elle est entourée par une foule curieuse que notre escorte maintient à des distances convenables. Je m'aperçois que les descendants des purs fidèles de la cité sainte ne dédaignent pas l'argent des mécréants, car des bandes de gamins viennent nous demander la charité.

— Ne leur donnez rien, me dit vivement sidi Chibani ; autrement vous les verriez se multiplier comme des moineaux autour d'un tas de blé, et ils amèneraient toute la population ici.

En disant ces mots, le secrétaire met pied à terre, nous recommande d'attendre patiemment son retour, et, escorté de deux de nos hommes à cheval, il se dirige vers la porte de la ville.

Comme il s'en va pédestrement entre deux cavaliers, il me fait songer aux malfaiteurs entre deux gendarmes que l'on rencontre quelquefois dans les campagnes de France, et je suis prise d'un accès de fou rire qui paraît choquer profondément nos compagnons.

Le kébir me rappelle à plus de gravité ; ma physionomie redevient impassible, et du regard je suis sidi Chibani, vrai type du scribe musulman, gros, court, ventru, important, le turban haut, raide, et, insigne de sa profession, l'encrier de cuivre fixé à la large ceinture qui maintenait tant bien que mal son proéminent abdomen. Le pauvre homme marche péniblement, en s'épongeant le visage; il disparaît bientôt à l'entrée de la porte massive et voûtée de Kaïrouan.

Il serait vraiment incroyable que l'on ait jamais eu l'idée d'édifier une ville dans un site aussi aride et dépourvu d'eau que l'emplacement de Kaïrouan, si les écrivains arabes, entre autres Novaïri, n'affirmaient qu'à l'époque où Okbah-ben-Nafi, conquérant de l'Afrique et lieutenant du troisième calife, s'arrêta à cet endroit, l'an de l'hégire 55 (675), le pays était boisé et fertile. On ne le soupçonnerait guère aujourd'hui; il semblerait, au contraire, que, dès les premiers soulèvements du sol, il a dû être ce qu'il est; mais, pour s'expliquer ce triste phénomène, il faut se rappeler que, si les peuples agriculteurs et stables sont forcément conservateurs, il n'en est pas de même des pasteurs nomades tels que les Arabes, qui dénaturent jusqu'au sol, détruisent les forêts par l'incendie, et tarissent ainsi les sources, afin de créer des pacages et des terres de parcours pour leurs troupeaux.

L'infertilité actuelle non seulement de la Byzacène, mais de la régence entière, jadis si riche et si peuplée, peut en partie être attribuée à cette cause, à laquelle il faut ajouter l'insécurité résultant d'un gouvernement despotique et dissolu qui, malgré la prétendue charte octroyée en 1857, s'arroge le droit de vie et de mort sur ses sujets, confisque leurs biens, ou les impose arbitrairement et si lourdement que, dans ces conditions, les infortunés ne demandent plus à la terre qu'une production restreinte aux stricts besoins de la subsistance quotidienne, et que des espaces immenses qui, avec un peu de travail, pourraient redevenir productifs, demeurent éternellement en jachères incultes.

Novaïri raconte qu'Okbah ayant informé son armée qu'il avait le dessein de bâtir une ville dans cette plaine, au milieu de ces fourrés inextricables où nul chemin n'était tracé, ses soldats s'écrièrent que c'était impossible en raison de l'épaisseur de la forêt, repaire de bêtes sauvages contre lesquelles il faudrait sans cesse être en défense. Okbah se mit alors en prière, et, quand il eut achevé ses oraisons, étendant les mains vers la forêt, il adjura, au nom de Dieu, les animaux malfaisants de se retirer. Aussitôt l'émigration des lions, des panthères, des autres fauves et celle des reptiles commença et dura tout le jour. Les indigènes, témoins de ce prodige, se convertirent à l'islamisme.

II

Au point de vue religieux, Kaïrouan est la ville la plus importante du nord de l'Afrique. C'est la cité sainte par excellence: quand les musulmans du continent africain sont dans l'impossibilité d'accomplir le pèlerinage de La Mecque, ils le remplacent par celui de Kaïrouan, reconnu valable par les plus orthodoxes.

Les traditions consacrent le caractère sacré et presque divin de l'origine de Kaïrouan: ainsi, l'on prétend que, lorsque Okbah fit ériger la mosquée dédiée depuis sous son vocable, il s'éleva, parmi les fidèles qui entouraient le pieux lieutenant du calife Otman, de grandes discussions au sujet de l'endroit où serait placé la *kliba* ou chaire de l'iman. Okbah était fort perplexe, mais, tandis qu'il dormait, il eut une révélation, et une voix d'en haut lui dit: « O toi, le chéri, le bien-aimé de Dieu et du Prophète, dès que le jour paraîtra, lève-toi et marche devant toi en portant l'étendard; tu entendras alors réciter le *tekbir* (1), et nul autre ne l'entendra ; dans le lieu où s'achèvera la prière, tu placeras la kliba. Le Dieu maître des mondes protégera ta ville et ta mosquée ; la religion du salut n'y périclitera jamais, et jusqu'à la fin des siècles les infidèles y seront humiliés. »

Okbah obéit à l'ordre céleste : c'est ainsi que fut fixé l'emplacement de la chaire de l'iman.

En attendant sidi Chibani, dont l'absence se prolongeait au delà de nos prévisions, je me rappelais la légende, me demandant avec ennui si l'infidèle, selon la divine promesse, allait être humilié dans nos humbles personnes.

Mais non ; le triomphant secrétaire reparut enfin, accompagné de trois autres personnages dont la physionomie nous fit pressentir que nous allions pénétrer dans la cité bénie.

Parmi ceux qui venaient au-devant de nous se trouvait le fils du kiaïa, bel adolescent de seize ans, au visage légèrement efféminé, encore imberbe ; il nous salua, tendit la main au kébir et nous dit que son père nous attendait, mais que, pour prévenir des ennuis qui pourraient malheureusement se produire et dont il serait dans l'impossibilité de nous préserver, il nous engageait à ne point prolonger au delà de quelques heures notre séjour

(1) Verset du Coran qui se récite comme prière.

dans la ville et à ne point la visiter trop en détail.

L'exorde était peu engageant; les deux autres envoyés l'approuvaient du geste sans mot dire. L'un était *cheik el medina* (cheik de la ville), l'autre le lieutenant du kiaïa.

Ce fut sidi Chibani qui m'apprit leur qualité; sur l'invitation de celui-ci, nous descendîmes de voiture, la laissant sous la garde du cocher, du valet de pied de sidi Bou-Bekre et de l'escorte; puis nous suivîmes les envoyés du kiaïa, accompagnés de la foule plus curieuse qu'hostile.

La porte par laquelle nous entrâmes dans Kaïrouan était à peu près semblable à celles de Sousse, mais en bien meilleur état. Dès que nous l'eûmes dépassée pour nous engager dans une rue très longue, dont les maisons blanches, hautes, bien alignées, avaient un bel aspect, la foule augmenta, se tenant à distance et se bornant à nous escorter presque silencieusement. Nous arrivâmes ainsi devant l'habitation du kiaïa, qui ne se distinguait point extérieurement des autres. L'intérieur, au premier abord, n'avait rien de bien intéressant: c'était, comme dans toutes les villes arabes, un bâtiment carré, régulier, donnant sur une vaste cour dallée de marbre, entourée d'une galerie à arcades, cintrées sous l'entablement, soutenant le premier étage, où se répétait cette galerie. Toutes les pièces de l'habitation, sans communication entre elles, s'ouvraient en retrait sous la colonnade, par des portes en bois dur et épais fort joliment sculpté. Le pourtour intérieur de la galerie, jusqu'à hauteur d'appui, ainsi que l'encadrement des portes, étaient revêtus de mosaïques d'azurine, d'un effet très gai et très élégant.

Dès qu'il nous aperçut dans la cour, le kiaïa, quittant une chambre fermée seulement par une légère portière de mousseline de soie, fit quelques pas au-devant de nous et nous invita à passer dans cette pièce qu'il venait d'abandonner et que je supposai être son salon de réception. Il y rentra avec nous.

Son fils, le cheik et le lieutenant restèrent dans la cour.

Comme tous les appartements des maisons arabes, la pièce où nous nous trouvions était longue et étroite ; un tapis épais en recouvrait le sol ; des divans très bas et très larges, chargés de coussins brodés d'or, s'appuyaient aux parois latérales où d'étroits espaces étaient réservés à des guéridons en laque, ivoire, ébène et nacre marquetés d'une façon ravissante. Aux deux extrémités du salon, des tentures et des portières le coupaient à demi, formant des *retiros* pour la sieste. Un demi-jour très doux, savamment distribué, reposait les yeux. L'atmosphère, relativement fraîche et embaumée du parfum des essences de cassie et de jasmin, me parut délicieuse. Dans des niches pratiquées dans l'épaisseur des murs, on voyait des objets précieux, bassins, aiguières et plateaux en orfèvrerie. De superbes armes accrochées aux parois et, sur des étages en bois découpé peint, des majoliques indigènes, de grands vases, des amphores, complétaient l'ensemble somptueux de ce salon.

J'admirais en silence quand tout à coup mes regards tombèrent sur une des niches où s'étalaient, note criarde et odieuse dans cette harmonie orientale, une affreuse pendule de fabrique marseillaise et l'inévitable et énorme boîte à musique suisse que l'on trouve chez la plupart des grands seigneurs musulmans de la régence et qui est un des amusements privilégiés des harems.

Le kiaïa était un bel homme encore jeune, vêtu d'une ample *djebba* en soie rose, coiffé du turban; rien chez lui ni chez ses gens ne rappelait l'affreux costume de la « réforme » ; je lui en savais gré. Sans la boîte à musique et la maudite pendule, nous étions en plein Orient.

Dès que nous fûmes assis, le kiaïa nous demanda des nouvelles du Président de la république, ce qui nous surprit fort. Il me témoignait, à moi personnellement, une déférence inusitée dans les mœurs musulmanes; et, n'y comprenant rien, nous nous jetions à la dérobée des regards étonnés, le kébir et moi.

Au bout d'un instant, une collation substantielle nous fut servie, et au même moment le fils de notre amphitryon entra, amenant un jeune nègre porteur d'un bassin et d'une aiguière qui nous furent présentés pour nous laver les mains.

Sidi Chibani et le kébir firent honneur au repas. Pour moi, les mets épicés et l'absence de propreté des préparations culinaires chez les indigènes m'ont toujours, malgré l'habitude, inspiré une répugnance invincible qui ne m'a jamais permis de manger beaucoup ni chez les musulmans, ni chez les israélites; le café, heureusement, me sauvait. Celui du kiaïa était du pur moka; on nous dit que c'était un don de l'iman de Mascate au cheik-ul-islam de Kaïrouan, qui avait bien voulu en offrir une petite part au kiaïa. Vérité ou mensonge, il était exquis.

Sidi Chibani fit observer qu'il était temps de visiter la ville. Nous nous levâmes.

— Ce n'est pas aussi facile que vous le pensez, répondit le kiaïa; cependant je tiens à ce que madame ne nous quitte point mécontente; je vous accompagnerai donc; mais, je vous en prie, fermez l'oreille aux propos malséants que vous pourriez entendre, feignez de ne point les comprendre. La population de Kaïrouan n'est guère maniable, et mes fonctions ne sont pas aussi agréables qu'on pourrait le croire. Nous marcherons rapidement et nous ne nous arrêterons nulle part. Où voulez-vous aller?

— Partout! répliquai-je.

Il sourit, et, comme nous étions dans la cour,

il appela un *bache-ambas* ou *bache-chaouch* (1) et lui murmura mystérieusement quelques mots à l'oreille. Le regard du bache-ambas glissa sur moi avec une curiosité timide ; puis il fit signe à une dizaine de ses subordonnés qui aussitôt quittèrent ensemble la maison.

Quelques minutes après, nous sortîmes à notre tour en bon ordre, le kiaïa, son fils, le cheik, le lieutenant, sidi Chibani, le kébir et moi, précédés seulement de deux ambas.

III

La foule qui stationnait à la porte à notre entrée avait plutôt diminué qu'elle ne s'était accrue. Les ambas l'écartèrent pour nous frayer passage ; elle se reforma peu à peu et nous suivit dans les bazars, où nous conduisit d'abord le kiaïa.

En Europe, pour ceux qui n'ont pas voyagé, le

(1) *Ambas*, *chaouch*, gardien, messager ; *bache*, chef.

mot bazar, lorsqu'il s'agit de ceux de villes orientales, évoque l'idée de splendeurs et de richesses, et rien n'est plus faux en réalité. Les bazars sont simplement des quartiers couverts, dont les rues sont bordées de petites échoppes, sans le moindre faste, les marchands musulmans ne faisant pas d'étalage. Ces échoppes n'ont qu'une unique ouverture; c'est une baie assez semblable à une fenêtre de rez-de-chaussée, mais plus basse. Un carré long avec un appui fort large sert à la fois de comptoir, de table et de siège au marchand. L'acheteur ne pénètre point dans la boutique, il reste dans la rue, et c'est de là qu'il fait ses acquisitions en indiquant les objets qu'il désire et qui sont apportés et déposés par le vendeur sur l'appui qui le sépare de son client.

Pour sortir de son échoppe, le marchand enjambe cet appui et clôt le magasin par d'épais volets qu'il ferme de l'extérieur.

Chaque industrie a son bazar spécial, de même qu'elle a pour chef un *amin* dont les fonctions ont quelque analogie avec celles de nos syndics actuels et des prévôts des corporations du moyen âge.

Les bazars n'ont donc absolument rien de gai ni d'élégant. L'après-midi, dans les villes de la Tunisie, ils sont presque déserts, tout négociant musulman qui se respecte cessant son trafic vers onze heures et demie du matin. Or il était au moins une heure lorsque nous visitâmes ceux de Kaïrouan, et il n'y en avait presque plus d'ouverts ; cependant la rue des selliers offrait plus d'animation que les autres ; elle occupe le centre des bazars ; les rues transversales viennent y aboutir. Des ouvriers y fabriquaient des selles et des harnais vraiment beaux, dont le velours et le maroquin brodés d'or étaient les principaux éléments.

Les principales industries kaïrouanaises sont la sellerie, la pelleterie, la maroquinerie et la reliure des beaux manuscrits arabes. On y tisse des nattes en sparterie et des tapis. Ses fabriques de babouches et de bottes en *fillaly* (1) sont renommées en raison d'une nuance particulière, chère aux musulmans, et qui tient le milieu entre les couleurs paille et maïs. On prétend qu'elle ne peut s'obtenir qu'à Kaïrouan.

Cette ville a quatre portes. Dans l'enceinte fortifiée on compte quatre *soucks*, ou marchés bien approvisionnés ; du moins le kiaïa nous l'affirma. Il est difficile d'ajouter une foi entière à cette assertion, Kaïrouan étant éloignée de tout autre centre important et n'ayant que quelques misérables jardins des côtés de l'ouest et du nord, pour satisfaire à sa consommation journalière. Cependant il paraît que, grâce à son prestige religieux, Kaïrouan reçoit quotidiennement des caravanes qui

(1) Espèce de maroquin.

l'alimentent et lui apportent, en outre, toutes les provenances du Sud, et notamment des dattes d'une qualité supérieure, dont le kiaïa nous avait fait goûter de beaux et excellents spécimens.

Les marchés se tiennent sur des places assez vastes, bien aérées et fort propres. L'une d'elles est entourée d'arcades élégantes et coquettes. Malheureusement il y manque, chose essentielle, une fontaine. Il n'en existe point une seule dans Kaïrouan. Chaque mosquée, chaque habitation, chaque établissement public est pourvu d'une citerne.

Ces villes sans fleuve, sans rivière, sans fontaines et tout ensoleillées, si propres qu'elles soient, ont une mélancolie que l'on ne s'explique pas dès l'abord et dont, au bout d'un instant, la cause vous est révélée par l'absence de l'eau.

Si le nombre des établissements religieux prouve la piété des habitants d'une cité, ceux de Kaïrouan doivent être trois fois saints : ils possèdent une vingtaine de mosquées et une cinquantaine de sanctuaires, *zaouïa* et koubbas de marabouts, *intra* et *extra muros*.

La principale mosquée est celle d'Okbah ou *djema Kebira ;* elle est entourée d'un mur très élevé, percé, sur toutes ses faces, de portes dont plusieurs sont ornées de colonnes antiques et de chapiteaux déshonorés par le badigeonnage à la chaux, sous lequel leur élégance primitive se laisse plutôt deviner qu'entrevoir. De près, on n'aperçoit de cette immense mosquée qu'une haute tour carrée à trois étages en retrait et trop massive pour être belle ; le minaret est surmonté d'une coupole assez légère. De loin on voit d'autres coupoles dans l'intérieur du quadrilatère formé par la muraille.

Comme nous en faisions rapidement le tour, une vieille femme arabe, en passant près de nous, s'arrêta, souleva son voile et, nous regardant bien en face et avec un indicible mépris, se mit à cracher sur le sol en proférant contre nous des malédictions effroyables que je compris trop. Personne n'osa protester; seulement le kiaïa et son entourage nous firent hâter le pas.

Les historiens arabes et les musulmans contemporains, assez exempts de préjugés pour traiter un tel sujet en présence des infidèles, racontent des merveilles de cette mosquée, dont les splendeurs égaleraient celles des mosquées de Bagdad et de Cordoue. Elle a pourtant subi bien des vicissitudes : Hassan-ben-Noman la fit raser et rebâtir l'an 69 de l'hégire (689) ; il n'en conserva que le *mirab* (1) et la kliba par respect pour la mémoire du fondateur. Sous le califat de Hicham-Abd-el-Meleck, de la dynastie des Ommiades, l'an 105 de l'hégire (724),

---

(1) Le mirab est une niche pratiquée dans la muraille, dans la direction de La Mecque; c'est vers elle que les musulmans se tournent pour prier.

l'édifice fut reconstruit dans des proportions plus vastes. Yezid-Aben-Hatem, gouverneur de l'Afrique, la fit démolir de nouveau et réédifier.

L'an 205 de l'hégire (820), Ziadet-Allah, fils d'Ibrahim, fondateur de la dynastie des Aglabites, la détruisit pour la troisième fois, fit entourer le mirab et la reconstitua à peu près telle qu'elle est actuellement. On prétend qu'elle renferme cinq cents colonnes en marbre antique, porphyre et granit.

Malgré ses fréquentes destructions, d'après une croyance populaire, toutes les pierres qui composent le sanctuaire d'Okbah se seraient posées d'elles-mêmes à la place qui leur était assignée, dans la pensée des architectes, à chacune de ses transformations.

Depuis notre courte visite à Kaïrouan, un vieux musulman nous a dit que, dans l'intérieur de cette mosquée, les armures des chevaliers chrétiens, compagnons du roi saint Louis, qui ont succombé sous les murs de Tunis, sont érigées en trophées.

Après celle d'Okbah, la mosquée la plus remarquable de Kaïrouan est celle qui est connue sous le nom de djema Zeïtoun (mosquée de l'Olivier).

Hors de l'enceinte fortifiée de la ville, il existe sept faubourgs. Un puits célèbre, bir El-Emir (le puits de l'Émir), qui renferme la seule source qui existe dans la cité, a donné son nom à un de ces faubourgs.

Dans les années de grande sécheresse, la pénurie d'eau est quelquefois extrême, les citernes vides ; les habitants n'ont pour s'alimenter que la source de ce puits et l'eau d'une vaste citerne ou *fesguia*, située à l'extrémité d'un des faubourgs.

Kaïrouan, qui fut autrefois la capitale de l'Afrique et la résidence des califes, est bien déchue de son ancienne splendeur. Sa population, considérable alors, ne doit pas, faubourgs compris, s'élever à douze ou quatorze mille âmes. Il est d'ailleurs très difficile d'établir la statistique des habitants des centres musulmans, où, sans cause appréciable et connue, des quartiers entiers sont déserts et inhabités ; il en est ainsi de Kaïrouan, où, dans la ville même, un nombre assez considérable de maisons tombent en ruines et sont abandonnées.

IV

Une des particularités de Kaïrouan, c'est qu'elle n'a jamais subi l'outrage d'un siège par les chrétiens.

Au temps de sa gloire, la cité sainte était abondamment pourvue d'eau par un système de réservoirs et de bassins situés à l'ouest, à quelque distance de l'enceinte, et alimentés par l'oued Merkelil, affluent de l'oued Zeroud.

Le géographe historien arabe El-Bekri en parle avec admiration :

« En dehors des murs de Kaïrouan, dit-il, se trouvent quatorze réservoirs bâtis par ordre de Hicham et d'autres princes, afin d'assurer aux habitants une quantité d'eau suffisante. Le plus grand et le plus utile de ces bassins est situé auprès de la porte de Tunis et a été construit par Abou-Ibrahim, fils de Mohamed l'Aglabite. Il est de forme circulaire et énorme.

» Au centre, s'élève une tour octogone, couronnée par un pavillon à quatre portes. Une longue série d'arcades cintrées, superposées les unes aux autres, vient aboutir au côté méridional de ce bassin. A l'occident, il y avait un château édifié par Ziadet-Allah. Immédiatement au nord du même bassin, s'en trouve un autre, de petite dimension, nommé El-Fesguia (le Réservoir), qui reçoit les eaux de la rivière et en amortit la rapidité. Quand ces eaux le remplissent jusqu'à la hauteur de deux toises, elles s'écoulent dans le grand bassin par une ouverture appelée Es-Sarh (la Décharge). La Fesguia est un ouvrage magnifique et d'une construction admirable. Obeid-Allah, le premier des califes fatimites, disait : « J'ai remarqué » en Ifrikat deux choses auxquelles l'Orient n'a » rien de comparable : l'une est le Réservoir qui » est à Kaïrouan, auprès de la porte de Tunis, et » l'autre le ksar El-Bahr (le château du Lac), qui se » trouve dans la ville de Rekada. »

Cette ville était tout près de Kaïrouan ; elle fut fondée en 273 de l'hégire par l'émir Ibrahim-ben-Aglab. Bekri raconte qu'Ibrahim, en proie à de cruelles insomnies, fut engagé par son médecin à faire des promenades à pied. Dès la première, se trouvant fatigué, il s'assit et s'endormit à l'endroit même où il fonda Rekada ; ce mot signifie « l'endormeuse ».

Il n'existe plus trace de Rekada, ce qui prouve l'incurie des Arabes. Pour fanatiques qu'ils soient, leur piété ne va pas jusqu'à chercher à perpétuer le souvenir de leurs hommes illustres et de leurs plus grands bienfaiteurs. Ainsi les tombeaux des émirs aglabites, qui contribuèrent tant à la gloire et à la prospérité de l'islam, tombent en ruines à deux pas de Kaïrouan. On en voit les restes au sud-est du réservoir de l'émir Ibrahim. La koubba de sidi Shanoun, célèbre théologien musulman, est mieux conservée ; il est vrai qu'elle n'a pas deux siècles d'existence. Près de ces tombeaux, mais plus rapprochée de la ville, se trouve une fabrique de salpêtre en pleine activité.

Si la prescription qui interdit aux chrétiens

l'accès de Kaïrouan est quelquefois éludée, elle est absolument rigoureuse pour les juifs, qui doivent n'approcher de la ville qu'à une distance de deux kilomètres. Comme les transactions commerciales entre les habitants et les israélites sont fréquentes, on a assigné à ceux-ci une maison nommée dar El-Aman (maison de la Paix), située presque au confluent de l'oued Merkelil et de l'oued Zeroud, au nord de Kaïrouan, et où ils affluent les jours de grand marché; c'est là qu'ils traitent leurs affaires avec les négociants kaïrouanais qui vont les y trouver.

Entre dar El-Aman et la cité sainte, on voit la zaouïa de Sidi-Sahab, où est enterré le corps d'un des barbiers du Prophète. Deux fois par semaine, les femmes de Kaïrouan, vêtues à peu près comme celles du sud de la province de Constantine, d'une grande pièce d'étoffe de laine ou de coton noire ou bleue, que l'on nomme *m'laffah* et qui les enveloppe tout entières, se rendent nu-pieds et processionnellement à ce sanctuaire pour y faire leurs dévotions.

Chose bizarre, la sainteté de Kaïrouan, le fanatisme de ses habitants ne sont point un frein au relâchement de leurs mœurs, les plus dissolues de la régence, assure-t-on, ce qui n'est pas peu dire. L'ivrognerie est le moindre vice de la population fort aisée et même opulente de la ville bénie; les liqueurs défendues y pénètrent sans contrôle, et la prostitution y trouve un recrutement considérable. C'est Kaïrouan qui fournit les almées les plus renommées et les plus nombreuses à la Tunisie et à la Tripolitaine.

A un kilomètre environ de Kaïrouan, on voit les ruines de Sabra, où le calife Ismaïl-el-Mansour fonda, l'an 337 de l'hégire, une ville qu'il nomma Mansourah (la Victorieuse) et où lui et ses successeurs fixèrent leur résidence. C'est sur l'emplacement de Sabra, que l'on croit être l'ancien *vicus Augustus*, qu'Okbah aurait puisé la plus grande partie des matériaux qui ont servi à l'édification de Kaïrouan et de sa grande mosquée. Sur le sol dévasté de Sabra on trouve encore des marbres brisés et deux belles colonnes de marbre veinées de rouge, que les Arabes nomment « les colonnes du Sang ». Ils prétendent que lorsqu'on voulut les scier pour les porter à Kaïrouan, le sang jaillit sous la morsure de l'acier ; effrayés, les ouvriers ne voulurent plus y toucher.

V

Nous avions à peu près entrevu toutes les curiosités de Kaïrouan; il était trois heures : il fallait partir. Le kaïd et son petit cortège nous accompagnèrent jusqu'à notre voiture. La foule, toujours silencieuse et réservée, nous y suivit également. Sans les outrages de la vieille mégère arabe, nous n'aurions point eu à nous plaindre des farouches Kaïrouanais. Cependant, par excès de précaution, le kaïd adjoignit à notre escorte une vingtaine de cavaliers auxquels il donna l'ordre de ne nous quitter qu'au delà de l'oued Laya.

En nous faisant ses adieux, le gouverneur de la province de Kaïrouan me chargea de ses compliments pour le Président de la république. Je comprenais de moins en moins.

Pendant le trajet, il nous fut impossible de tirer deux paroles de sidi Ghibani, dodelinant de la tête et ensommeillé.

Arrivés à Sousse à une heure avancée, nous chargeâmes le secrétaire de remercier le kaïd et de l'informer que nous irions le lendemain lui exprimer notre gratitude, ce que nous fîmes en effet.

En causant avec l'aimable Bou-Bekre, comme je lui témoignais ma surprise de la retenue de la population de la ville sainte envers nous et des égards exceptionnels dont j'avais été l'objet de la part du kaïd :

— J'y avais pourvu, me répondit-il en souriant avec malice ; ma lettre vous recommandait simplement, mais Chibani avait l'ordre, — ces choses-là ne s'écrivent pas, — de dire au kiaïa que vous êtes cousine du Président de la république : il importait que vous fussiez reçus et qu'on ne vous inquiétât point. Allah me pardonnera cet innocent mensonge.

L'AMPHITHÉATRE EL-DJEM

Le 8 décembre, le kaïd et gouverneur de la province de Sousse, notre ami sidi Bou-Bekre, à qui nous avions fait part d'un de nos projets d'excursion, nous envoya la lettre de recommandation suivante pour le cheik d'El-Djem, ou plutôt de « Ledjem », nom adopté actuellement par les Arabes pour désigner l'emplacement de l'ancienne Thysdrus :

« Louange au Dieu unique !

» A notre ami le vénéré, l'aimable, le chéri, l'élevé sidi Thami-bel-Bouris, cheik du territoire d'El-Djem : que Dieu le comble de ses grâces.

» Je t'informe de l'arrivée auprès de toi de Son Excellence le grand, l'illustre X., et de celle de son épouse, qui se rendent à El-Djem pour y satisfaire leur curiosité et leur amour de la science.

» Et je te prie d'observer envers eux des égards en tout semblables à ceux que tu aurais pour moi-même.

» Bou-Bekre. »

Munis de ce précieux passeport, nous nous mettions en route, le lendemain, à six heures du matin.

Le ciel resplendissait de ce beau ton d'azur foncé qui ne se voit qu'en Orient; une brise légère faisait présager une journée sans trop de chaleur et un voyage agréable.

De Sousse à El-Djem, qui, en arabe, signifie simplement ruines, la route est large, pas trop mauvaise. C'est une voie semblable à toutes celles des pays arabes, tracée par l'usage et entretenue par le bon Dieu; il n'y avait point à se plaindre de celle-ci, elle longe des plaines impraticables par les grandes pluies; mais, l'eau du ciel étant ici une rareté, on est plus assuré de trouver sur les chemins de la poussière que de la boue.

Après une heure et demie de marche, on traverse les bois d'oliviers qui entourent Sousse et on arrive à l'extrême limite des plantations et des cultures industrielles; on se trouve alors sur le confin d'un village du nom de Menzel, qui aurait quelque aspect européen, n'était la quantité innombrable de chameaux qui se multiplient autour des abreuvoirs, les derniers du parcours de la route, et où se termine brusquement la ceinture d'oliviers, principale richesse de la côte.

Avant d'atteindre Menzel, on voit à droite et à gauche, dans les massifs d'arbres du sahel, des habitations d'aspect riant et deux villages comme enchâssés dans des corbeilles de verdure. Ces deux villages sont Msaken et Ksiba. Au loin, plus à gauche, on aperçoit la mer, Monastir et ses îles, qui se dégagent des massifs d'arbres et festonnent le ciel bleu, de coupoles, de minarets et de palmiers dominant le paysage.

Après Menzel, nulle habitation riante, nulle verdure. On entre dans la zone des terres de labour, et la route parcourt une vallée aussi dénuée que la plaine de Kaïrouan.

A droite, on retrouve le lac salé de Sidi-el-Hani, qui semble, sous les feux du soleil, une masse de plomb en fusion. Pas un arbre, ni ombre, ni fraîcheur; pour animer ces solitudes, quelques maigres chameaux attelés à des charrues et traçant, avec l'air d'ennui et de résignation particulier à ces animaux, de minces sillons dans les terres sablonneuses; et des femmes se livrant au même labeur, tandis que leur mari dirige d'une main l'instrument et de l'autre sème l'orge ou le blé qui doit assurer la subsistance de sa famille.

Chacun, hélas! a sa charrue à traîner ici-bas, et celle qui laboure les terrains de la Byzacène n'est peut-être point la plus pénible à mouvoir. Cependant, si l'on compare la condition infortunée des Bédouines à celles des plus malheureuses paysannes d'Europe, l'avantage n'est point en faveur de la femme arabe.

La route que nous suivions depuis le matin

était sillonnée par de nombreuses tribus qui se rendaient avec armes et bagages dans le cercle de Sousse, afin d'y concourir à la récolte des olives. Femmes, enfants, chameaux, chacun portait sa charge; seul l'homme, sans autre fardeau que son fusil sur l'épaule, marchait allègrement, fièrement drapé dans ses haillons comme un chevalier romain dans sa toge.

Les femmes et les filles de ces tribus portaient les cheveux nattés; leur abondance reporta ma pensée vers les boulevards parisiens où s'étalent tant de chevelures féminines aussi fausses que luxuriantes; mais les nattes de ces Bédouines n'y auraient pas grande valeur: elles sont d'une couleur proscrite par les caprices de la mode, noires comme des ailes de corbeau.

Pour la première fois, depuis les longues années où j'ai vécu parmi les musulmans, je remarquai sur le bout du nez de ces Bédouines un tatouage disgracieux, réservé ordinairement aux joues et au front, et qui se nomme «ouchema». Pourtant, il faut l'avouer, les jeunes filles ne me parurent pas trop déparées par ce bizarre ornement; tant il est vrai que la jeunesse possède toujours quelque charme.

Tout ce monde était presque nu; mais, bien que l'on fût au 8 décembre, la chaleur était au moins égale à celle du mois d'août en France.

El-Djem est situé à quarante milles de Sousse.

Nous commencions à trouver la route un peu longue, et les Arabes, qui, de tous les hommes, sont les plus patients et les plus indifférents, répondaient à nos interrogations sur le chemin encore à parcourir, d'une façon si peu concluante, que je finissais par craindre de n'arriver jamais au but de notre course.

Les musulmans, en général, n'ont qu'une pensée : laisser écouler le temps avec le moins de préoccupations possible et s'en remettre au destin du soin de toutes choses. L'ennui ne les gagne jamais, et l'impatience qui en est la révolte leur est inconnue. Ces longues plaines sans horizon appréciable, sans arbres et sans eau, sont d'une monotonie qui ne les fatigue pas. Ils rêvent, sans penser à rien, et demeurent impassibles dans la joie même.

Pendant ces premières heures de marche, nous rencontrions des ruines romaines sans nom, amoncelées ou répandues sur les côtés du chemin ; mais, depuis notre sortie de Menzel, nous ne voyions que des terres jaunes, sans aucune végétation et brûlées par le soleil.

— Hé ! Mohamed, demandais-je à chaque ondulation du terrain à l'un de nos guides, à quelle distance sommes-nous d'El-Djem ?

— Encore deux heures à marcher, me répondait-il invariablement.

— Mais c'est impossible ! m'écriais-je énervée,

voilà au moins trois fois que tu me répètes la même chose.

Mohamed dédaignait alors de me répondre et caressait sa barbe par un geste familier aux Arabes. Il murmurait en baissant la tête, comme pour échapper à mon importunité :

— *Allah ouakbar !* (Dieu est grand !)

Parvenus enfin au sommet d'un dernier accident de terrain permettant à la vue d'embrasser une nouvelle et interminable plaine, Mohamed, qui ne parlait jamais sans être interrogé et à qui je pouvais ordinairement à peine arracher une réponse pleine d'indifférence, nous fit remarquer aux confins de l'horizon une immense bande noire se découpant sur le ciel à angles droits, et dit avec son flegme imperturbable :

— Ça, c'est El-Djem.

C'était assurément fort loin. Mohamed avait fini par avoir raison de mes calculs.

— Maintenant, combien faut-il de temps pour arriver ?

— Deux heures.

Cette fois, il disait juste. Nous avions marché pendant huit heures et au grand trot.

Que ceux qui veulent faire ce trajet s'arment donc de patience ; mais combien ils auront vite oublié l'ennui et la monotonie de la route, en présence de cette ruine magnifique dont il est difficile d'imaginer l'importance et la beauté.

Combien a-t-il fallu d'années pour construire cet amphithéâtre qui ne le cède que de quelques mètres de hauteur au Colisée, mais qui est beaucoup plus ornementé et bien plus soigné dans ses détails?

L'admiration reste muette; elle est attristée en présence de cette accumulation de pierres de taille; devant l'épaisseur de ces murailles et la hardiesse de ces voûtes qui défient tous les cataclysmes.

Combien de siècles faudra-t-il encore pour que cet amphithéâtre disparaisse entièrement, de même que la ville au centre de laquelle il fut édifié, et qui n'est plus représentée aujourd'hui que par les maisons misérables du village qui l'a remplacée?

Depuis plus de quinze siècles, les hommes s'acharnent à démolir le géant de pierres, et c'est à peine si le tiers de cette œuvre de destruction est accompli.

Si les imprécations et les malédictions adressées par les voyageurs à ces nouveaux Vandales étaient exaucées, les Arabes d'El-Djem, bien plus sauvages et bien plus iconoclastes que ceux de la province de Sousse, ainsi que la cour de Tunis qui tolère leur dévastation, n'existeraient plus depuis longtemps. Sans souhaiter un tel châtiment, n'est-il pas permis de penser qu'il serait du devoir des représentants des puissances de mettre un terme à cette destruction, en plaçant sous leur protection ce monument incomparable? Si les hommes ne se fussent point chargés de le détruire, le temps se serait borné, pendant des siècles encore, à dorer l'ensemble de son immense développement.

Rien ne peut donner du peuple romain une idée aussi grande que l'amphithéâtre d'El-Djem, déshonoré sans cesse par l'indigne population qui s'acharne contre lui et qui s'abrite à son ombre.

Soixante-quatre arcades forment le pourtour de l'édifice. On remarque une solution complète à l'extrémité ouest du grand axe. Cette coupure est très large et s'élargit chaque jour, grâce aux mutilations que les Arabes, qui ne considèrent l'amphithéâtre que comme une carrière où ils vont puiser des matériaux, lui font subir.

Le grand axe de l'ellipse extérieure mesure 137 mètres ; le petit axe, 115 mètres 90. La hauteur totale de l'édifice serait, d'après le voyageur Pélissier, de 30 mètres ; mais il omet d'indiquer si l'attique et les soubassements enfouis dans le sol sont compris dans cette élévation.

Il n'a été employé dans sa construction que des pierres de taille d'une dimension à peu près uniforme. L'épaisseur des murs comme les soubassements sont faits de cette même pierre. Ni le fer, ni le bois ne sont entrés dans cette prodigieuse construction se soutenant par sa puissance et par les innombrables voûtes et arceaux qui en relient les diverses parties.

Les assises de pierres sont également reliées par un ciment blanc qui a conservé sa pureté primitive, tandis que la pierre s'est teintée de nuances bistrées, rosées et dorées d'un effet admirable. Hubert Robert, le peintre des ruines, eût trouvé à El-Djem le sujet d'une toile magnifique. Pour moi, je ne pus qu'en tracer, à la hâte et tout émue, deux croquis, qui me restent comme souvenir.

Le savant archéologue Guérin, dont il faut emporter l'ouvrage lorsqu'on voyage en Tunisie, parle de l'amphithéâtre d'El-Djem en ces termes : « Quand on l'examine extérieurement, on voit se dresser devant soi une magnifique muraille ovale, construite avec de beaux blocs de grès parfaitement équarris et appareillés. Cette muraille est en quelque sorte percée à jour par trois rangs superposés d'arcades, éclairant de hautes et larges galeries, et flanquées à l'extérieur de demi-colonnes dont les chapiteaux sont corinthiens, ou du moins modelés, avec quelques légères différences, sur ceux de cet ordre. Le troisième étage était lui-même surmonté d'un attique, aujourd'hui aux trois quarts détruit, et décoré de pilastres d'un ordre analogue. Les arcades des étages inférieurs y étaient remplacées par des ouvertures rectangulaires en forme de fenêtres (1). »

Pélissier pense que l'amphithéâtre n'a jamais

(1) Guérin, *Voyage archéologique dans la régence de Tunis*, t. I, p. 91.

été achevé, et il donne comme preuve à l'appui que l'on n'y voit intérieurement nulle trace de gradins. Guérin émet une opinion contraire et bien plus vraisemblable : il attribue l'absence des gradins et des marches d'escalier à la destruction par les hommes, ou plutôt, dans le cas dont il s'agit, à une femme. En effet, l'an 69 de l'hégire (689), Tunis étant tombé au pouvoir des musulmans, une femme nommée Damiah, et surnommée El-Cathena (la Prêtresse), forma contre eux, à l'aide des tribus berbères encore indépendantes et des Grecs vaincus, une ligue de résistance. Écrasée par des forces supérieures, elle se réfugia, avec les siens, dans l'amphithéâtre, et le transforma en une véritable forteresse. C'est alors que l'intérieur du monument aurait été saccagé pour les besoins de la défense. Cependant, El-Bekri, qui écrivait l'an 1068 de l'ère chrétienne, quatre siècles après le siège d'El-Djem par les troupes musulmanes, constate l'existence des gradins. « On raconte, dit-il (1), que la Cathena, se voyant assiégée dans cette forteresse, fit creuser dans le roc un passage souterrain qui conduisait de là à Sélecta, et qui était assez large pour laisser passer plusieurs cavaliers de front. Par cette voie elle faisait apporter des vivres et tout ce dont elle

(1) El-Bekri, *Description de l'Afrique septentrionale*. Trad. de M. de Slam.

avait besoin. Le château de Ledjem, situé à dix-huit milles aussi de la ville de Sélecta, a environ un mille de circonférence. Il est construit de pierres, dont plusieurs ont à peu près vingt-cinq ampans de long. Sa hauteur est de vingt-quatre toises ; *tout l'intérieur est disposé en gradins depuis le bas jusqu'en haut*. Les portes (ce sont les arcades) sont en plein cintre et placées les unes au-dessus des autres avec un art parfait. »

En 1695, des bandes d'Arabes révoltés s'étant réfugiées dans l'amphithéâtre, Mohamed-Bey y fit, d'après la tradition, pour les forcer et rendre désormais une telle résistance impossible, pratiquer, à l'extrémité ouest du grand axe, la brèche que l'on y voit aujourd'hui et que les Arabes agrandissent sans cesse.

L'histoire du souterrain doit être le résultat de l'imagination orientale si féconde ; il existe, en effet, une excavation sous l'amphithéâtre, destinée sans doute primitivement à loger les bêtes fauves. Nous voulûmes y descendre : nos guides s'y opposèrent, par ordre du bey, dirent-ils. Il fallut se soumettre.

La ville de Thysdrus ne se révèle plus que par des monceaux de pierres, des fragments de marbres brisés, parmi lesquels l'archéologue distingue avec stupeur des débris de statues qui, à en juger par ce qui en reste, devaient être d'un style remarquable, des colonnes dont les proportions dépassent ce que l'imagination peut concevoir, des chapiteaux, des soubassements ornés de bas-reliefs et des plaques de mosaïques d'une grande richesse. Des massifs de cactus ont pris racine sur l'emplacement des maisons romaines. La patrie des Gordien n'a donc plus rien qui la distingue des champs qui l'environnent, et les palais qu'elle a dû posséder sont réduits en poussière.

Là comme dans toute la régence, une déplorable interdiction de pratiquer des fouilles pèse sur les Européens. Les musulmans n'ont aucun goût pour l'archéologie, dont ils ne comprennent point l'importance historique et artistique, et, par suite, des trésors demeurent enfouis dans la terre, sans profit pour personne et au détriment de la science.

Tandis que nous parcourions l'amphithéâtre, nous entendîmes des accents qui me charmèrent : une voix jeune et fraîche chantait, sous les voûtes sonores, une chanson française qui me rappelait d'heureux souvenirs.

Une émotion d'une ineffable douceur s'empara de moi ; je m'arrêtai attendrie, pour mieux écouter le chant qui me causait une si singulière et si charmante surprise à 600 lieues de la *cara patria.*

Nos guides ne partageaient point mon émotion ; cependant, par déférence, ils firent silence, et, presque à l'instant où la voix se tut, comme je les interrogeais sur cet incident étrange et qu'ils me répondaient :

— C'est un chrétien qui est fou et qui demeure par ici,

Nous vîmes surgir, derrière un fût de colonne brisée, un beau grand garçon d'une trentaine d'années, dont la physionomie mélancolique me séduisit autant que la sculpturale régularité de ses traits. Sa chevelure, noire, comme ses yeux, encadrait son visage et son cou de boucles épaisses qui faisaient ressortir la vigueur de son teint mat bruni par le soleil. Il portait pour tout vêtement une chemise d'étoffe blanche flottante, et sur cette chemise un large sayon de laine. Ses jambes étaient nues, et ses pieds, chaussés d'espadrilles, me parurent, de même que ses mains, d'un fini achevé. Il s'appuyait, par intervalles, sur un bâton noueux pour sauter les énormes blocs de pierre, qu'il franchissait avec une légèreté de chamois.

Nous nous interrogions du regard, le kébir et moi. Ce jeune homme nous intéressait plus que je ne le puis dire. Je me dirigeai vers lui ; il m'attendit de pied ferme, et, quand nous fûmes en face l'un de l'autre, il leva les yeux et se mit à m'examiner avec un mélange de timidité et de curiosité bienveillante qui m'alla au cœur.

— Vous êtes Français ? lui dis-je en lui tendant la main.

Il la prit, la pressa avec effusion et me répondit :

— Oui, Français, et vous ?

— Moi aussi, répliquai-je. J'ai reconnu votre

nationalité en vous entendant chanter tout à l'heure, et je ne saurais vous exprimer le plaisir que vous m'avez fait. C'est bon de rencontrer des compatriotes si loin du pays.

— La France ! murmura-t-il en regardant l'horizon.

Il soupira et se tut.

— N'y retournerez-vous donc pas ? lui demandai-je.

— Jamais !

Et de grosses larmes sillonnèrent son visage.

— Il n'est nullement fou, pensais-je, c'est un homme accablé par quelque grand chagrin. Les Arabes se méprennent en attribuant ses singularités à la perte de sa raison.

Il continuait à demeurer silencieux, quand tout à coup, avisant le kébir qui me rejoignait, il me demanda :

— Et lui, qui est-il ?

— Mon compagnon de voyage.

Il retomba dans son mutisme, d'où j'essayai de le tirer en lui parlant de Paris, de l'exposition universelle qui venait d'avoir lieu, et de mille autres choses.

Il me donna la réplique en homme du monde auquel rien n'est étranger. Ma surprise augmentait d'autant plus, et je cherchais en moi-même la clé du mystère de son existence, lorsque le kébir eut la malencontreuse idée de l'interroger sur l'époque à laquelle il avait quitté la France et depuis combien de temps il était fixé à Thysdrus.

Son regard s'assombrit, devint presque défiant, et il répondit avec lassitude et comme excédé :

— Je ne sais plus.

Et tout à coup, avec volubilité et les yeux égarés :

— Avez-vous vu Louise ? Est-elle toujours belle ? Si vous rencontrez ma mère à Auteuil, dites-lui que je voudrais bien savoir pourquoi Louise est partie et pourquoi on me la cache toujours.

Il cessa de parler ; sa tête retomba sur sa poitrine ; il s'éloigna à grands pas et disparut parmi les ruines.

Cette rencontre nous causa une impression cruelle. L'infortuné était réellement fou ; ses dernières paroles, la manière dont il nous quittait ne le prouvaient que trop.

Qui était-il ? Nous eussions fait tout au monde pour le savoir ; mais ce fut en vain que nous interrogeâmes les Arabes. Ils ignoraient jusqu'à son nom.

L'un d'eux nous dit pourtant qu'il y avait deux ans à peu près que l'étranger, venu on ne savait d'où ni comment, habitait El-Djem, où il vivait de la charité des Bédouins.

— Il disparaît quelquefois pendant des jours, des mois, ajouta l'Arabe ; il voyage, car je l'ai rencontré à Ghadamès et au lac Pharaon, mais il revient toujours à El-Djem, et les Bédouins, qui l'aiment parce qu'il est fou et ne fait de mal à personne, prennent soin de lui.

C'est un côté touchant des mœurs orientales que l'indulgence, le respect même des musulmans envers les êtres dénués de raison, « marqués au doigt de Dieu, » selon leur expression. Ils croient fermement que ces êtres sont privilégiés et qu'une certaine révélation des faits supérieurs à l'intelligence humaine leur a fait perdre la notion exacte des choses d'ici-bas. De là, la crainte superstitieuse qui leur fait tolérer et accepter tous les actes des aliénés, à qui ils laissent une liberté entière, à laquelle ils sont peut-être redevables de ce fait étrange que la folie furieuse est inconnue dans les pays musulmans.

Nous quittâmes l'amphithéâtre dans des dispositions d'esprit bien différentes de celles où nous étions en y arrivant. La pensée de la singulière rencontre que nous y avions faite nous obsédait et m'attristait profondément. Qui était ce jeune homme dont les manières et le langage attestaient une éducation distinguée ? Par quel concours de circonstances néfastes avait-il perdu la raison, abandonné son pays, sa famille pour venir terminer parmi des ruines une existence brisée, sans doute, par quelque effroyable catastrophe intime ?

Nous eûmes un moment le désir de nous mettre à la recherche de notre malheureux compatriote, de le ramener à Sousse ou à Tunis et de le placer sous le protectorat de nos consuls pour le faire rapatrier ; puis la pensée des maisons d'aliénés, de la camisole de force, des tortures imposées aux fous par la médecine légale, nous retint. Je me dis qu'il valait mieux le laisser libre sous l'œil de Dieu, dans un climat fortuné, avec les Arabes dont la pitié ne lui ferait jamais défaut.

Le soir de notre arrivée à El-Djem, une nombreuse compagnie se trouvait réunie dans l'espèce de cellier que nous offrait l'hospitalité du cheik. Tous les notables de l'endroit s'y étaient donné rendez-vous pour nous faire honneur, et leurs étranges physionomies paraissaient plus étranges encore, éclairées par une lampe de forme antique, suspendue à l'extrémité d'un bâton dont l'autre extrémité était plantée dans le sol. Le cellier, réservé aux hôtes les plus distingués, me parut complètement en rapport avec ce mode primitif d'éclairage.

Une femme de l'aristocratie autrichienne avait passé, quelques jours avant nous, deux nuits dans ce réduit ; je pouvais donc me hasarder à m'étendre sur le tapis où elle s'était reposée. En disant reposée, je parle par euphémisme, car il n'est pas de repos possible dans un endroit où pullulent les insectes les plus répulsifs ; mais ce qu'une femme avait accepté par amour de l'archéologie, une autre pouvait le subir sans se plaindre. D'ailleurs ces nuits ont de l'imprévu et fournissent des sujets de comparaison.

La soirée ne faisait que commencer ; on attendait la diffa, c'est-à-dire le festin d'honneur préparé pour notre bienvenue, ou plutôt le solde du billet tiré à notre intention par le gouverneur de Sousse sur son inférieur le cheik d'El-Djem.

Les notables semblaient disposés à faire bon accueil à cette aubaine dont ils jouissent rarement. Ils me parurent fort pauvres.

La contrée n'a jamais dû être assez productive pour nourrir une population nombreuse ; toutefois, à quinze ou dix-huit siècles de distance, que de choses ont pu se dénaturer ! Il est donc possible que la pauvreté du sol d'El-Djem provienne de l'épuisement où il a été réduit par l'absence de travaux d'amélioration.

La diffa parut enfin portée triomphalement sur la tête de trois indigènes, dont l'apparition causa parmi l'assemblée un frémissement de satisfaction. Cette diffa était composée de vingt mets au moins. de l'inéluctable mouton rôti et d'un couscous assez copieux pour satisfaire trente appétits ordinaires. Ce repas gargantuesque était surmonté d'un couvercle en feuilles de palmier dont l'état graisseux accusait un long usage.

Ce repas fut étalé sur une table basse, longue, sans autres assiettes que les récipients contenant les variations culinaires adaptées au mouton, aux volailles et au surplus, sauces au piment, au sucre, au poivre noir, au gingembre, à la cannelle et à mille sortes d'épices et d'herbes. Tous les goûts et toutes les puissances digestives devaient y trouver leur compte.

Il s'agissait, comme toujours, hélas! et selon l'expression vulgaire, de manger à la gamelle. Je m'exécutai le moins maladroitement possible; le kébir en fit autant, tandis que chacun, se tenant à distance, contemplait d'un œil d'envie notre « grand couvert », attendant une invitation à suivre notre exemple.

Je regardais tous ces êtres affamés; on eût dit une meute s'apprêtant à la curée.

Lorsque nous eûmes sommairement goûté à tout, nous fîmes signe au cheik d'abord, puis aux notables, et bientôt les morceaux disparurent engloutis comme sous la baguette d'un prestidigitateur.

Un de mes voisins, doué d'un appétit pantagruélique, attira particulièrement mon attention. C'était le plus bel homme de la chambrée, y compris le kébir : il avait une figure romaine, une tête et des mains académiques, le sourire agréable et fin, des dents à désespérer un dentiste. Ma surprise en présence de ce minotaure du couscous et du mouton rôti n'échappa à personne. Quant à lui, il se tourna vers moi pour me dire avec une expression enjouée, moins arabe qu'européenne, et en souriant malignement :

— Tu es stupéfaite de me voir faire si peu

d'honneur à cette diffa digne d'un bey ou d'un sultan, mais je sors de maladie et j'ai perdu la faculté de manger beaucoup. Il y a six mois, dix couscous comme celui-là ne m'eussent point effrayé.

— Eh bien! répliqua le kébir beaucoup plus préoccupé des dévastations de l'amphithéâtre que de ce qui se passait autour de lui, les gros mangeurs sont ordinairement conservateurs, et je présume que tu n'es pas de ceux qui ont arraché des pierres du Ksar, mais qu'à l'avenir tu t'opposeras à ce qu'il soit dégradé.

Il le promit, et aussitôt chacun s'empressa d'accuser des récentes dégradations de l'amphithéâtre les victimes du typhus qui a sévi, il y a quelques années, dans la contrée.

— Leurs maisons sont vides aujourd'hui, dit avec l'intention évidente de nous flatter un des convives ; elles tombent d'elles-mêmes : c'est peut-être une punition du ciel.

— N'en doutez pas, répliquai-je avec un tel sérieux qu'il se refléta sur les physionomies les plus impassibles, l'esprit des ruines s'est révolté. Il est probable que ceux qui porteront désormais une main sacrilège sur ce monument subiront le même sort que leurs devanciers et attireront sur le village les malédictions des djenouns.

— *Allah ouakbar!* murmurèrent les Arabes en inclinant la tête.

La table, totalement dégarnie, fut enlevée ; puis les récits qui accompagnent toutes les veillées orientales commencèrent. J'ai recueilli celui-ci, qui me parut empreint d'une saveur particulière et toute locale. Un grand gaillard, que l'on nous dit être le premier narrateur du pays, le raconta, le mimant et faisant à lui seul tous les personnages de ce conte :

L'HOMME A LA LONGUE BARBE

I

Ali-ben-Baghdad était un gros homme court et ventru, aux jambes torses et à la figure réjouie. Recherché pour son savoir et son érudition, il possédait surtout les traditions des temps glorieux de l'islam, et contait avec un charme rehaussé d'une pointe d'ironie ce qu'il avait appris un peu partout, car il avait beaucoup voyagé.

Il passait habituellement ses soirées dans le café d'El-Arich, situé derrière la mosquée de Sidi-Okbah, à Kaïrouan, et, pendant les nuits joyeuses du ramadan, où chacun vient, à l'heure permise, se dédommager en fumant et en absorbant d'innombrables tasses de chorbet, de l'abstinence forcée du jour, il s'asseyait sur un banc à sa place réservée, caressait complaisamment sa longue moustache grise, promenait sur son auditoire attentif un regard empreint de dédain. Bien qu'au fond il fût enchanté d'être écouté et sûr de l'effet qu'il allait produire, il exaltait la gloire des Osmanlis et communiquait à la foule avide de l'entendre les émotions terribles de ses récits tragiques, ou déridait les fronts les plus austères par des contes d'une bouffonnerie d'autant plus gaie, qu'il les débitait avec un inaltérable sérieux. Ben-Baghdad était connu d'ailleurs pour un savant peu soucieux du bien-être si cher au vulgaire, et accusé par les stricts observateurs du Coran d'un scepticisme un peu trop apparent.

« C'est un philosophe, disait-on : il ne croit à rien ; il dédaigne profondément le soin que l'on prend des choses d'ici-bas, et l'avenir ne l'inquiète guère. »

Ben-Baghdad connaissait l'opinion qu'une partie de ses auditeurs avaient de lui, et ne manquait jamais, quand l'occasion lui était offerte, de les railler et de leur faire sentir le dédain qu'ils lui inspiraient.

Un soir où sa verve ironique était plus âpre encore que de coutume, Ben-Baghdad commença une de ces histoires par ce préambule assez hostile:

— Entre vous et moi, dit-il à ses auditeurs, il y a cette différence, que je sais ce que vous ignorez et que vous ne savez rien qui vaille la peine que je l'apprenne. Hélas ! vous écoutez tous avidement mes récits , mais que vous en reste-t-il , à vous, pour qui l'histoire de la gloire de vos ancêtres est un passe-temps, et qui m'écoutez en baignant votre ignorance dans la fumée de vos chibouks ?

En achevant ces mots, Ben-Baghdad jeta sur la foule un regard sarcastique, croisa ses mains sur son proéminent abdomen, poussa un profond soupir et continua :

— Au temps du sultan Soliman, il y avait à Stamboul une armée invincible. Ah ! c'était un temps glorieux, celui de la plus grande puissance de l'islam. Les rois d'Occident sollicitaient l'amitié du padischah Soliman ; ils lui envoyaient des vaisseaux chargés des productions les plus rares, des étoffes les plus précieuses, pour obtenir de lui une marque de sympathie dont ils se montraient honorés, et il n'y avait pas un des visirs du sultan qui ne se crût au-dessus du plus grand des souverains infidèles.

Dans ces heureux temps, le Turc avait le droit de relever sa moustache et de souffler son importance, car il était considéré comme le premier soldat du monde. L'Arabe avait la science en partage : tous deux dominaient, l'un par la force, l'autre par le savoir.

L'orgueil et la paresse ont dévoré ces fruits savoureux ; les hommes sont ainsi faits : les succès les enivrent ; dans leur enivrement, ils se livrent au plaisir, et le plaisir les énerve.

Un arbre porte de bons fruits tant qu'il reçoit des soins de culture intelligente ; mais s'il est abandonné à lui-même, il revient promptement à l'état sauvage.

Nous ressemblons à cet arbre ; chacun doit donc travailler, et travailler sans relâche à perfectionner son intelligence, sous peine de voir s'éteindre son esprit et de ne plus rencontrer d'autre perspective que le dévorant ennui.

Je vais vous en donner la preuve; prêtez-moi donc votre attention, hommes qui m'écoutez.

A ces paroles de Ben-Baghdad, il se fit un mouvement dans l'assemblée. Chacun s'agita, se moucha, toussa, cracha, comme pour n'avoir plus à s'occuper de ces détails qu'exige le soin de notre misérable humanité, et pouvoir se recueillir ensuite plus complètement afin d'entendre le récit de Ben-Baghdad, qui commença ainsi :

— Il y avait autrefois à Damas un homme qui avait fait, disait-on, une petite fortune dans le commerce du café de l'Yémen. Il se nommait Kara-Bouschenack; ce nom seul indique que celui qui le portait était originaire d'une autre contrée que celle où il s'était fixé.

Kara-Bouschenack portait une barbe qui lui descendait jusqu'à la ceinture et il avait un nez recourbé et pointu qui ressemblait au bec du grand aigle noir. De chaque côté de ce nez remarquable brillait un œil noir, profond, perçant et d'un éclat si vif que personne n'osait regarder Bouschenack en face, et que l'on comparait ses yeux aux escarboucles qui étoilent les aigrettes du sultan.

Les enfants tremblaient en passant auprès de

Bouschenack, qui était toujours seul, ne parlait à personne, et vivait en célibataire, contrairement aux prescriptions des lois du Prophète, retiré dans une maison, où il n'admettait pas une âme, à l'exception de ses serviteurs, aussi peu communicatifs que leur maître.

On racontait tout bas d'étranges choses sur Bouschenack ; on l'accusait d'avoir des entretiens avec le diable, de savoir faire l'or, science damnable puisqu'il n'en faisait pas profiter ses concitoyens, et l'on débitait sur son compte mille histoires plus absurdes les unes que les autres.

Les plus crédules et les plus sots, l'un ne va guère sans l'autre, affirmaient qu'il était le diable même et que ceux qui le rencontraient le soir voyaient ses yeux étranges projeter des rayons intenses qui illuminaient le sol devant lui.

Les démons tels que Bouschenack sont malheureusement rares ; on rencontre plus facilement des ânes : regardez-vous les uns les autres, et vous serez convaincus de cette vérité... Kara-Bouschenack était un homme comme vous et moi ; seulement, son existence ne s'était point écoulée dans la satisfaction des appétits grossiers et dans l'oisiveté, sans rien voir au delà.

Il avait voyagé dans l'Indoustan et avait appris à consulter le grand livre de la nature, qui lui avait révélé bien des mystères. Son regard perçant était celui du savant qui cherche la cause des choses; le feu dont il brillait, celui du génie qu'il s'était assimilé.

A l'époque où Kara-Bouschenack défrayait l'oisive curiosité des habitants de Damas, cette ville était gouvernée par un pacha dont la volonté n'avait jamais rencontré d'obstacle. Dieu l'avait comblé de ses faveurs, mais, comme il n'avait pas su les employer utilement, il était promptement arrivé à la satiété, le plus grand des maux qui puissent affliger un mortel.

— Que ferai-je aujourd'hui? demandait invariablement à son réveil le pacha Kurchill à son visir Mourzouck, chef du sérail et le plus intime de ses confidents.

— Seigneur, tout ce qui plaira à Votre Altesse, répondait aussi invariablement Mourzouck. Dieu n'ayant pas mis de bornes à votre puissance, tous vos désirs peuvent être formulés et satisfaits en même temps.

— Et c'est là ce qui me désole, Mourzouck; car je ne sais ce que je pourrais souhaiter maintenant et ce qui pourrait me distraire de mon éternel ennui. Les mets les plus savoureux paraissent insipides à mon palais blasé; les fêtes me fatiguent; la soumission de mes sujets m'irrite; la chasse n'excite plus mon ardeur; les jeux m'ennuient, la promenade m'excède; mes femmes me semblent sottes et laides... J'ai tant usé de toutes choses, les résultats sont si prévus, qu'en vérité je ne vois rien qui mérite la peine qu'on se dérange pour l'obtenir. J'aime autant m'ennuyer ici qu'ailleurs.

En achevant cette phrase, le pacha étendit les bras et se mit à bâiller démesurément comme pour appuyer ses dires d'un incontestable témoignage.

— N'as-tu pas, ô Mourzouck, mon frère, ajouta-t-il, une idée assez neuve pour éveiller en moi un besoin ou un désir non satisfait encore ?

— Seigneur, répondit le visir, vous avez bu à la coupe de toutes les félicités humaines ; vos volontés s'exécutent comme celles de Dieu, dont vous êtes une émanation directe. Le destin dont vous vous plaignez ferait envie, s'ils osaient porter leurs regards à une telle hauteur, à tous vos sujets. Il n'en est pas un qui ne jure par votre félicité et qui ne donnât la moitié de son existence pour passer l'autre dans une condition égale à celle de Votre Altesse.

— Tu le crois, Mourzouck ?

— Je l'atteste, par le Prophète !

— Eh bien ! ils sont stupides, mes sujets, conviens-en, Mourzouck ?

Le visir, ainsi interpellé, comprit le danger qu'il encourait à contredire son seigneur ou à l'approuver, en une matière aussi délicate. Aussi, après s'être gratté l'oreille comme pour faire jaillir une idée de son cerveau, il tourna la difficulté et répondit :

— Un seul des sujets de Votre Altesse diffère

peut-être des autres en ce qui concerne votre béatitude, Seigneur.

— Ah! ah! Lequel? demanda le pacha en se soulevant sur son coude. Je ne serais pas fâché de connaître l'homme qui dédaigne les délices de la puissance souveraine. Fais-le chercher, Mourzouck, qu'on me l'amène et que j'apprenne de lui quelle est la plénitude d'un bonheur assez grand pour placer celui qui le possède au-dessus de moi-même, car il est réellement au-dessus de moi celui qui ne m'envie point.

Le pacha Kurchill parut non seulement stimulé par une curiosité peu ordinaire chez lui, mais son orgueil sembla froissé par ce que venait de lui dire Mourzouck.

— Ne pas envier ma fortune ! répétait-il d'une voix qui s'élevait au diapason de celle du lion ; va me chercher ce fou ou ce mécréant : il est l'un ou l'autre. Tu m'entends, visir ?

— Seigneur, votre volonté sera faite, répondit celui-ci en faisant les génuflexions les plus humbles et les plus soumises.

— C'est que, voyez-vous, ajouta Ben-Baghdad, les grands de la terre ne sont jamais assez parfaits pour que ceux qui les servent n'aient à se défier de l'intimité qu'ils paraissent leur accorder. Mourzouck, tout habile qu'il fût, avait donc commis une imprudence : il pensait avoir présenté au pacha un rayon de miel, et c'était du vinaigre qu'il lui avait servi en lui disant qu'un homme osait ne se soucier ni de sa fortune, ni de sa puissance.

Pauvre Mourzouck ! ses somptueux vêtements, les douces paroles qui charmaient ses oreilles ne lui faisaient jamais perdre de vue la distance qui le séparait du pacha, lors même que celui-ci le nommait son frère : tant il est vrai que la servitude la plus dorée est toujours la servitude, et qu'un maître le moins capricieux de tous est difficile à satisfaire. Qu'est-ce donc quand il est pacha, et pacha ennuyé !

— Seigneur, se hasarda à dire le visir lorsque Kurchill eut cessé de faire entendre sa grosse voix, me permettrez-vous, à moi votre esclave dévoué, de vous présenter une simple observation avant d'exécuter l'ordre que vous me donnez ?

— Laquelle ? gronda Kurchill.

— Je voudrais soumettre à Votre Altesse une idée qui me paraît ingénieuse pour amener à vous l'homme qui a si justement éveillé votre colère.

— Pas tant de préambules ; parle et hâte-toi.

— Eh bien ! Seigneur, votre désir est un ordre, votre volonté ne saurait rencontrer d'obstacle ; mais lorsque, de gré ou de force, cet individu aura été amené en votre auguste présence, quand vous aurez exercé contre lui votre juste courroux, quand vous lui aurez même fait trancher la tête, ce qu'il mérite, je le reconnais, qu'aurez-vous fait de plus que ce que vous pouvez faire chaque jour ? Votre ennui, hélas ! en sera-t-il moins accablant ?

— Il est vrai, Mourzouck ; mais ma souveraine puissance méconnue veut que l'impudence de cet homme soit châtiée et que, puisqu'il n'apprécie pas mon bonheur, il reconnaisse du moins mon autorité.

— A Dieu ne plaise qu'il entre dans ma pensée de l'amoindrir, Seigneur, et le Prophète m'est témoin qu'il n'est pas un de vos serviteurs aussi jaloux que moi de faire respecter la puissance de Votre Altesse ; mais voici comment, sans la compromettre, je voudrais arriver au but que vous souhaitez, en méritant encore par ma mansuétude l'admiration de mon peuple.

— Continue, Mourzouck, dit le pacha, dont la voix commençait à prendre des inflexions moins courroucées.

— Je connais, Seigneur, la demeure de cet homme à qui le pouvoir souverain n'impose point ; mais user envers lui d'autorité et de rigueur sans qu'aucun motif paraisse justifier de telles mesures, c'est contrevenir aux prescriptions les plus élémentaires de la loi. L'habitation de tous les serviteurs du Prophète est inviolable ; mais, pour prendre les rats, il suffit d'un appât qui les attire hors de leur retraite.

— Pas tant de métaphores, Mourzouck, arrive au fait.

La voix du pacha reprenait ses inflexions les plus dures; aussi le visir redoubla-t-il de flatterie et de soumission.

— Voici ce à quoi j'ai songé, répliqua-t-il; Votre Altesse va juger si l'imagination de son serviteur n'est pas fertile lorsqu'il s'agit de votre service et de votre gloire. Si Dieu avait voulu que je fusse pacha de Damas et que je désirasse connaître l'homme en question, je rassemblerais mes gardes, mes arnautes, ma musique, je sortirais en grande pompe, escorté de mes courtisans, et je passerais dans le quartier et devant la maison de ce personnage à l'heure où chacun a l'habitude d'être rentré chez soi. Je présume que le bruit de la rue, la nouveauté d'un aussi auguste spectacle attireraient cet homme sur le seuil de sa porte, et que nous verrons sur les leurs tous les sujets de Votre Altesse, auxquels cette promenade inusitée fera comprendre que le pacha de Damas veille ; de plus, elle occupera l'imagination et il est bon d'occuper l'imagination des peuples de choses de cette nature, afin qu'ils en laissent de plus sérieuses de côté.

Si la maison qui est le but de votre sortie nocturne demeure close, vous aurez le droit de vous renseigner sur celui qui l'habite; ce point de départ est légal, plausible et vous conduira naturellement à interroger notre individu et à savoir de lui-même ce que vous tenez à connaître.

— Ton idée me paraît ingénieuse, Mourzouck; tu vas donc donner des ordres pour que tout mon monde soit prêt à me suivre dès que la nuit sera complètement tombée.

— Le but apparent que nous donnerons à cette promenade, ajouta le pacha, sera celui d'une visite à la mosquée de Sidi-Abd-el-Moumen, située dans le quartier que nous devons parcourir.

— Tout sera prêt au moment voulu, Seigneur.

En disant ces mots, Mourzouck se prosterna, baisa le bas de la robe du pacha en s'estimant heureux d'avoir donné une idée à ce maître ennuyé qui, par manière de passe-temps et pour savoir quel genre de distraction peut procurer le chagrin de voir couper la tête d'un serviteur pour lequel on croit éprouver quelque attachement, aurait bien pu faire trancher celle de son visir.

Le soir venu, ce qui avait été convenu entre Kurchill et son ministre fut ponctuellement exécuté.

Le pacha, précédé de sa musique, entouré de sa cour, suivi de ses arnautes, accompagné de ses gardes portant des torches pour éclairer la marche, traversa le quartier où demeurait Kara-Bouschenack, l'homme à la longue barbe.

Sur le parcours de l'imposant cortège, chacun se plaçait sur le seuil de sa demeure, attiré par le son de la grosse caisse et par la clarté des torches. Les femmes mêmes, voilées et groupées sur les terrasses, voulaient jouir du spectacle inusité que

Kurchill offrait gratuitement à son peuple, car c'est le peuple ordinairement qui solde les fêtes données par les souverains.

Ainsi que l'avait prévu l'ingénieux Mourzouck, une seule maison demeura fermée : c'était celle de l'homme à la longue barbe ; cependant, par les interstices de la porte, on y apercevait de la lumière et on voyait qu'elle était habitée.

C'était ce qu'espérait le pacha Kurchill qui, s'arrêtant subitement devant cette habitation, demanda où était son propriétaire.

On lui répondit qu'il était chez lui ; alors le pacha donna l'ordre de frapper à la porte et d'informer le possesseur de cette demeure silencieuse que le pacha l'attendait dans la rue et désirait lui parler.

Après un temps assez long, pendant lequel les commentaires les plus malveillants s'exerçaient aux dépens du paisible Kara-Bouschenack, et que la foule, — les foules sont généralement malveillantes, — attendait, espérant qu'il serait au moins bâtonné, sinon écorché ou égorgé, la porte s'ouvrit enfin et laissa voir dans son encadrement éclairé l'homme à la longue barbe, qui venait d'un pas mesuré s'informer de ce que le pacha voulait de lui.

— Que désire Votre Seigneurie ? lui demanda-t-il, et pourquoi vient-elle ainsi troubler mes plus douces jouissances et me faire perdre un temps précieux ?

Pour la première fois de sa vie peut-être, Kurchill parut troublé et fut embarrassé de répondre à une interpellation formulée sans les ménagements de langage auxquels il était habitué, et par un homme qui se plaignait d'être dérangé par sa présence que tant d'autres eussent ambitionnée comme la plus haute faveur.

— Je regrette, dit le pacha, que mon désir de connaître le motif du silence qui règne dans ta maison te contrarie, lorsque la joie que cause ma présence paraît animer les autres ; si ma sollicitude t'occasionne quelque dommage, je suis tout disposé à le réparer.

L'homme à la longue barbe secoua la tête et ne put réprimer un sourire qui exprimait le doute railleur plutôt que la satisfaction, et, répondant au pacha, il affirma promptement que tous les trésors dont il disposait ne pouvaient lui être d'aucune utilité.

— Comment ! murmura le pacha surpris; ne puis-je donc absolument rien pour ton bonheur ?

— Non, Seigneur, et vous venez de me causer un tort considérable.

— Explique-toi, reprit Kurchill ; car, par la barbe du Prophète, je ne te comprends pas.

— Seigneur, répliqua Kara-Bouschenack, au moment où vous m'avez arraché à mon occupation je voyageais dans la lune...

— Allah ! murmurèrent en sourdine quelques voix, cet homme est réellement le démon.

Sans accorder la moindre attention à cette interruption, Bouschenack continua :

— Oui, Seigneur, je voyageais dans la lune et je suivais une de ses évolutions qui ne se produisent qu'à de longs et rares intervalles ; il ne m'était sans doute donné que d'en constater une seule pendant le cours de ma carrière : vous voyez donc que le tort que vous me causez est irréparable, car je n'ai point la folle espérance de retrouver la conjonction qui se produisait tout à l'heure.

Le pacha paraissait soucieux et ne se hâtait point de parler, tandis que les regards des courtisans et de la foule se portaient alternativement sur lui et sur l'homme à la longue barbe, qui semblait plus désireux de rentrer chez lui que de jouir de la présence du maître de Damas ; mais celui-ci lui dit tout à coup avec de caressantes inflexions de voix :

— Effendi, mon ami, ne puis-je t'aider, du moins, dans les dépenses que nécessitent tes études, et ne pourrais-tu me permettre de voyager aussi un peu avec toi dans la lune, moi qui me trouve si fatigué et si ennuyé de fouler la terre où nous sommes ?

— Je n'y vois aucun inconvénient, répondit l'homme à la longue barbe, et si vous voulez entrer seul chez moi, je vous ferai voir assurément des choses que vos courtisans ne sauraient vous montrer.

Kurchill ne se le fit pas répéter : il mit pied à

terre avec une ardeur juvénile, laissa les grands, les arnautes, les gardes, la musique et la foule se morfondre à la porte de la maison mystérieuse, où il entra en s'appuyant familièrement sur le bras de Kara-Bouschenack.

Ce que vit Kurchill, je ne saurais le dire, mais il sortit transformé de la demeure de l'effendi; il avait bu à la coupe enchantée de la science, la seule qui laisse l'homme insatiable en lui procurant de sublimes jouissances. Dès lors, le pacha revint souvent dans la maison de Kara-Bouschenack, qui fut le compagnon et l'ami de Kurchill à un degré plus élevé que Mourzouck, car le savant ne s'abaissa jamais à flatter le souverain de Damas, devenu meilleur et plus heureux : tant il est vrai que le savoir réjouit l'existence, lui enlève son uniformité, soulage ses ennuis et améliore le cœur.

Mourzouck fut un peu jaloux du savant, puis, comme Kurchill combla son visir des biens périssables, les seuls que celui-ci pût apprécier, il cessa d'envier Bouschenack qui, depuis la nuit où il avait reçu la première visite du pacha, fut salué par tous les habitants de Damas comme Kurchill lui-même : on se prosternait sur son passage en baisant le bas de sa robe à l'égal de celle d'un saint. Ce n'était donc plus le diable.

Quand Ali-ben-Baghdad eut achevé son récit, chacun de ses auditeurs voulut lui offrir une tasse de café ; mais, indifférent aux offres comme aux louanges, il alluma sa lanterne et regagna sa demeure, accompagné par la foule comme un triomphateur.

— Où as-tu entendu cette belle histoire ? demandai-je avec surprise au narrateur.

— Je ne m'en souviens pas, me répondit-il : peut-être à Stamboul, à Djedda ou à La Mecque... J'ai tant voyagé.

Je lui glissai dans la main cinq ou six piastres, bien persuadé que, pas plus que son auditoire, il ne comprenait la haute portée morale de son récit. La planète Jupiter avait parcouru plus de la moitié de sa course nocturne ; les astres jetaient leurs derniers rayons pâlissants, présage du retour du soleil ; la plus pénible partie de la nuit était écoulée, et j'en éprouvais une satisfaction extrême, car je ne trouvais aucun charme à m'allonger sur le tapis où s'était étendue la noble autrichienne : je savais trop, par expérience, ce que l'on y pouvait gagner.

Nous quittâmes, le kébir et moi, la chambre où nos compagnons, moins délicats, dormaient paisiblement, et nous allâmes, aux clartés de la lune, contempler l'amphithéâtre, qui nous parut plus majestueux et plus grandiose encore, baigné d'ombres et de vagues lueurs, que sous l'éclat du soleil.

En somme, nous étions satisfaits de notre voyage;

car, s'il offre quelques inconvénients inhérents à toutes les excursions en pays arabe, il ne présente pas de trop grandes difficultés, et l'on ne saurait d'ailleurs acheter trop cher la vue de l'amphithéâtre d'El-Djem ; elle laisse d'impérissables souvenirs.

II

Après chacune de nos courses, nous nous retrouvions à Sousse, le kébir et moi ; celui-ci, qui connaissait le pays de longue date, ne se souciait pas toujours de m'accompagner. Dans ce cas, la contrée étant parfaitement sûre alors, je parcourais seule les environs, suivie d'Abed ; c'est ainsi que j'étais allée à Zembra.

Cette fois nous voulions visiter le kaïdat de Monastir et quelques-unes de ses dépendances, en commençant par la ville qui n'est guère qu'à dix-huit ou vingt kilomètres de Sousse.

Il faisait encore nuit lorsque nous sortîmes de Sousse. Les voyageurs et les indigènes qui possèdent l'expérience des pérégrinations dans ces parages se mettent en route bien avant l'aube, et cherchent un abri pour s'y reposer et y camper pendant les heures les plus chaudes du jour. Cette précaution n'est point illusoire, car les éblouissements, les insolations, les syncopes et des accidents plus sérieux sont fréquemment le partage des imprudents qui affrontent les ardeurs du soleil de midi, si redoutées, pour des causes d'un ordre tout différent, des Pères de l'Église.

Nous cheminions gaiement entre les haies de cactus et d'aloès qui limitent les propriétés du sablonneux territoire de Sousse. Tout était calme et silencieux; les étoiles commençaient à s'éteindre lentement, et les oiseaux, dérangés dans leur repos, secouaient sur notre passage, en s'éveillant, leurs ailes. Le troglodyte, presque aussi familier que le rouge-gorge, s'approchait pour nous regarder curieusement, puis sautillait devant nous, en jetant de petits cris, lorsque le soleil apparut subitement à l'horizon, semblant émerger de la mer qui s'étendait à notre gauche, puisque nous suivions le littoral dans la direction du sud-est, vers laquelle court la côte de Sousse à Monastir.

L'immense disque rouge s'élevait sans la moindre irradiation lumineuse ; les yeux les plus délicats pouvaient le contempler sans souffrance : on eût dit un globe de fonte en fusion. Il montait lentement, assombrissant tout autour de lui, et ce ne fut que quand il se trouva fort élevé qu'il commença à rayonner et que la brise mystérieuse, qui souffle toujours à cette heure, cessa tout à coup pour être remplacée, sans aucune transition, par une chaleur accablante. Bientôt la lumière se projeta dans l'immensité, et la nature entière revêtit une teinte blanche lumineuse dont les éblouissements nous contraignirent à baisser les paupières et à ne plus ouvrir qu'à demi les yeux. Le ciel, pur et si parsemé d'étoiles un instant auparavant, se confondit dans cette teinte.

Il en est ainsi chaque jour, et il faut attendre le soir pour retrouver aux cieux et sur la terre les harmonies de tons si fins et si ravissants des contrées orientales.

Au centre de jardins bien cultivés et très verts, se dresse le marabout de sidi Bou-Hamida, et nous traversons deux branches, assez rapprochées de l'oued Hamdou, dont le lit, desséché ou à peu près, offre à peine un bain de pied à nos chevaux.

Un peu plus tard, nous sommes surpris par des effets de mirage qui, au dire d'Abed, se reproduisent quotidiennement dans le golfe : les palmiers du rivage paraissent alors se prolonger bien loin dans la mer, — il y en a là un bois assez considérable, — et entourer Monastir. Cet effet, excessivement joli, estompe des tableaux d'une fraîcheur idéale que dément presque aussitôt la réalité.

Il faut longer la chaussée pierreuse du lac salé de Monastir, autrement sebkha El-Mélah-M'ta-Monastir ; puis nous pénétrons dans un territoire charmant : la route traverse de beaux jardins, des vergers plantureux. De nombreuses habitations piquent des points argentés parmi les arbres, et, au-dessus des autres frondaisons, les palmiers inclinent leurs panaches dont la cime s'élance fièrement vers les nues.

Je demande le nom de ce site enchanté.

— C'est Sékanès, répond Abed.

Nous approchions de Monastir, étincelant avec ses murailles blanches crénelées, et à tours comme celles de Sousse, ses minarets, sa kasbah, ses forts et ses îles.

Le thermomètre marquait 40 degrés Réaumur. Le sable, dans lequel disparaissaient les sabots de nos chevaux, était brûlant ; pas un souffle d'air ne traversait l'espace ; le susurrement des sauterelles, seul, s'élevait par intervalles, comme si elles se répondaient, faisant chacune leur partie dans un concert sans attrait pour l'homme.

La chaleur m'accablait de plus en plus, j'éprouvais des éblouissements successifs ; le vertige me faisait osciller sur ma selle, tandis que mon cheval redoublait d'efforts en avançant vers le lieu où il prévoyait un temps de repos, dont j'avais plus besoin que lui.

Dès que nous eûmes dépassé la porte de Tunis, par laquelle nous entrâmes dans Monastir, un des notables habitants auquel nous étions recommandés, et qui avait été informé de notre arrivée, vint au-devant de nous et nous offrit l'hospitalité. Au bout de quelques minutes, installés chez lui dans une chambre fraîche baignée dans la demi-obscurité, chère aux musulmans, et qui calmait, bien à propos, l'ardeur de nos paupières lassées, nous attendions, allongés sur des divans, en roulant des cigarettes, la limonade, le chorbet et le café que nous préparaient les femmes et les serviteurs de notre hôte.

Dans sa jeunesse, au cours d'un de ses voyages, le kébir avait vu une inscription punique sur une des pierres de l'imposte de la porte Bab-el-Bahr. Cette inscription le faisait rêver ; il en parla à notre hôte Ibrahim, qui ne put lui donner aucun renseignement sur l'objet de sa sollicitude, mais qui lui apprit que la porte avait été complètement détruite, puis restaurée il y avait une quinzaine d'années.

Cette circonstance me fit prévoir une déception prochaine ; néanmoins, comptant sur l'incurie musulmane, le kébir espérait encore retrouver la pierre et l'inscription.

Cette espérance nous fit abandonner promptement la maison hospitalière qui nous abritait, et nous courûmes à la porte Bab-el-Bahr : hélas ! chose incroyable dans une ville arabe, où jamais rien ne change, ni ne se modifie, la porte avait même changé de nom : elle s'appelait Bab-el-Sour ; ses pierres encore neuves resplendissaient au soleil, mais il nous fut impossible de découvrir la trace de l'objet de notre ambition.

Monastir offre une particularité assez curieuse : sa division en trois quartiers distincts, isolés les uns des autres par des murs crénelés et à tours, comme ceux de l'enceinte ; c'est probablement à cause de cette division que le géographe arabe Edrisi nomme Monastir « les châteaux de Monastir ». D'ailleurs, les Arabes désignent indifféremment par le mot *ksar* (château) les murailles crénelées, les ruines et les forts, qu'ils nomment aussi *bordj*.

La ville de Monastir est assurément la plus agréable de la côte ; ses rues sont larges, bien alignées, très propres ; elle a de jolies places, des bazars, en miniature il est vrai, et partout de beaux ombrages. Sa position sur une presqu'île, un peu élevée au-dessus de la mer, lui donne un aspect pittoresque et vraiment poétique. Elle possède un grand nombre d'écoles, une douzaine de mosquées, des oratoires pour les divers rites du culte musulman ; des casernes très spacieuses. Sa population paisible, relativement industrieuse et laborieuse, s'élève à sept mille âmes au plus ; ses fabriques de tissus produisent des étoffes de laine qui peuvent rivaliser avec celles de l'Inde ; ses couvertures aux couleurs éclatantes sont renommées, et ne se paient pas plus de trente piastres, un peu moins de vingt-cinq francs : ce sont celles que les marchands d'objets du Levant nous vendent à Paris cent cinquante francs. La principale richesse de Monastir, de même que celle de Sousse, consiste dans la fabrique et l'exportation des huiles.

La kasbah, ou citadelle, est située au nord, en face du rivage ; elle a deux enceintes défendues par une douzaine ou une quinzaine de canons, ancien modèle, et peints en vert, comme tous les canons de la régence. Les batteries du corps de la place peuvent en avoir autant. Quant aux deux forts extérieurs, Sidi-Messaoud et Bordj-el-Kebir, placés entre la ville et le mouillage, distant de celle-ci de deux kilomètres, ils en contiennent peut-être six chacun ; mais, en cas de défense, toute cette misérable artillerie éclaterait au premier coup, sans nul préjudice pour l'ennemi.

Le port de Monastir est excellent ; quelques travaux suffiraient pour qu'il pût recueillir et abriter des vaisseaux de haut bord et des navires d'un fort tonnage. Mais ce n'est pas le gouvernement tunisien qui entreprendrait jamais quoi que ce fût dans un but de prospérité pour un pays qui se trouvait, naguère encore, dans des conditions de richesse exceptionnelles, et qui, malheureusement, après avoir été exploité honteusement par ses maîtres avides, est en proie à la guerre qui le ruinera tout à fait. Si les plantations d'oliviers du Byzacium sont détruites, cette province de la Tunisie est perdue, et il faudra des siècles pour qu'elle se relève de ce désastre, le plus épouvantable qui puisse l'atteindre.

Sur la colline de Msisdra, au nord-ouest de la ville et hors de son enceinte, s'élèvent de nombreuses et charmantes habitations bien groupées parmi leurs îlots de verdure, d'où elles rayonnent de blancheur.

En face de Monastir, trois jolies îles s'étendent dans le port; la plus vaste peut avoir de sept à huit cents mètres de longueur. Au centre se trouvent une chapelle et le tombeau d'un marabout vénéré, sidi Ghadami, qui a donné son nom à cette île, où existent quelques vestiges d'antiques constructions, et que les Européens appellent plus généralement « Tonnara », parce qu'il y existe un établissement pour la pêche et la salaison du thon qui abonde dans ces parages. La chose la plus curieuse à voir à Sidi-Ghadami est une salle de bain creusée dans le roc vif, au nord-est, dans un site plein de charme; tout autour de cette salle, que les indigènes nomment *Hammam ben es solthan* (Bain de la fille du sultan), règne un banc, aussi taillé dans le roc. L'eau pénètre dans cette grotte par deux petits canaux qui la mettent en communication avec la mer. Quant à savoir par qui et à quelle époque ce voluptueux asile de néréide fut creusé, c'est impossible. On peut supposer, toutefois, que le percement du rocher eut lieu sous le glorieux règne du plus civilisé et du plus illustre émir de la dynastie des Aglabites, Ziadet-ben-Allah, fils du conquérant de la Sicile.

Les deux autres îles du golfe de Monastir sont celle des Colombes et celle du Milieu, que les Européens appellent île de la Quarantaine.

L'historien arabe Ben-Khaldoun raconte que Monastir fut édifié ou plutôt reconstruit par Horthomah-ben-Aïzan, gouverneur de l'Afrique pour le calife Haroun-el-Raschid. Il parle d'un tunnel qui, du fort de Sidi-Messaoud, conduisait à la mer. Actuellement, les Arabes le désignent simplement par cette dénomination : « le Bain ».

Lorsque César débarqua dans le Byzacium, il se trouva trop éloigné d'Adrumète, qu'il croyait plus rapprochée ; il quitta ses environs, désespérant d'y battre Considius, et marcha sur Ruspina (Monastir) où une partie de la flotte fut dirigée.

Il alla ensuite mettre garnison à Leptis et revint à Ruspina, où il établit son quartier général et d'où il dirigea toutes les opérations pendant la durée de la campagne. L'endroit était propice et choisi, car de là César communiquait avec la Sardaigne, la Sicile et l'Italie. Le camp, établi à une certaine distance de la ville, se reliait à celle-ci et au port par des travaux de retranchement.

Les traces du camp de César sont encore très apparentes ; de même que tous ceux qui passent à Monastir, nous l'avons parcouru, nous rendant parfaitement compte de sa situation et de son étendue. Le camp de Pompéius devait être en face, sur les hauteurs de Ksiba-el-Médioni et de Kénéis.

Au sud de Ruspina se trouvaient, très rapprochées les unes des autres, les bourgades Zéta, Agar et Vacca.

On suppose qu'Agar se trouvait sur l'emplacement actuel du village arabe Kénéis. Zéta et Vacca sont encore parfaitement indiquées. Tégéa, dont Hertius fait mention, était située sur l'oued Laya, où l'on voit des ruines assez étendues. D'après Shaw, Sursura doit être le Koursel moderne.

Comment expliquer autrement que par une fertilité et une richesse exceptionnelles la création dans ces parages, maintenant incultes et désolés pour la plupart, de tant de villes resserrées sur un parcours aussi restreint et dont l'existence est constatée, sinon par leurs ruines, du moins par les récits des guerres de César contre Scipion ?

Monastir fut occupé tour à tour, après la conquête des Turcs, par André Doria (1539), par les Espagnols et par le célèbre Dragut, frère de Baba-Arroudji ou Barberousse, qui la rendit à Mouleï-Hacen, souverain de Tunis ; celui-ci la perdit par la révolution qui lui enleva son royaume.

Monastir est le chef-lieu de l'outhan ou kaïdat, et par conséquent la résidence d'un kaïd revêtu d'une autorité presque souveraine et qui s'arroge trop souvent le droit de vie et de mort sur ses justiciables, sans que le gouvernement décrépit du Bardo intervienne.

En notre qualité de voyageurs européens, et surtout de Français, nous devions une visite à ce puissant personnage; après avoir parcouru Monastir, et trouvé, comme toujours, qu'à un peu plus ou moins de propreté et d'élégance, toutes les villes arabes se ressemblent, nous nous rendîmes chez le kaïd Mohamed.

L'habitation de ce fonctionnaire a extérieurement le même aspect que celui des autres maisons de Monastir; mais, dès que l'on a pénétré dans l'enceinte de la première cour, on s'aperçoit, au nombre des gardes, des soldats et des serviteurs qui se pressent aux portes et sur les marches des escaliers, que l'on est chez le sultan du lieu.

Une foule de suppliants et de solliciteurs attendent, couchés sur le sol et roulés dans leurs burnous, l'audience du seigneur Mohamed.

En traversant cette cour et en marchant presque sur ces hommes qui, dans leur indolence orientale, nous regardaient à peine, sans s'inquiéter de l'endroit où nous allions poser le pied, au risque de les atteindre et de les froisser, je songeais aux clients des grands de l'ancienne Rome et je me disais que c'était ainsi qu'ils devaient attendre la présence du maître dans « l'atrium » de sa demeure, presque en tout semblable à celle où nous nous trouvions.

Un peu plus loin, les chevaux et les bêtes de somme reposaient paisiblement, et le hennissement d'une cavale, le beuglement d'un bœuf ou le cri d'un chameau troublaient parfois le silence; car serviteurs et suppliants se parlaient à voix basse, par respect pour le kaïd, qui cependant ne pouvait les entendre, eussent-ils crié tous ensemble, puisque nous étions séparés de son habitation particulière par une double enceinte de hautes murailles et une seconde cour sur laquelle donnent les portes des prisons.

Les hôtes de ce lieu sinistre, la tête collée à une ouverture grillée pratiquée dans l'épaisseur des portes et large comme la main, guettaient au passage ceux qu'ils supposaient pouvoir implorer le kaïd en leur faveur et leur adressaient à demi-voix d'ardentes prières.

Quant aux gardes qui dînaient, par groupes ou par escouades, sous les voûtes auprès des portes, et aux visiteurs qu'imploraient les prisonniers, ils ne paraissaient pas plus attendris que si, comme les idoles dont parle le psaume biblique, ils eussent été doués d'yeux pour ne point voir, d'oreilles pour ne pas entendre. Quelques-uns, pourtant, jetaient au passage et à la dérobée un regard furtif sur la prison; mais ce regard n'exprimait nullement la commisération, il trahissait des préoccupations toutes personnelles et traduisibles par ces mots :

— Pourvu qu'il ne prenne jamais au seigneur Mohamed la fantaisie de m'enfermer là-dedans!

Après avoir traversé la seconde cour, nous

arrivâmes enfin dans l'habitation particulière du kaïd. Là, tout révélait l'autorité sans bornes du maître. Les gardes et les serviteurs étaient plus nombreux et vêtus avec plus de recherche ; leurs vêtements étincelaient de broderies d'or. Quelques bas employés, fiers de leur dignité, se pavanaient parmi eux, comme des dindons dans un troupeau d'oies.

L'importance du fonctionnarisme est, en Orient, poussée aux limites les plus extrêmes : sur le passage d'un agent de police tout le monde se range sans protestation, comme s'il s'agissait de l'accomplissement de la plus simple formalité; heureux encore si l'on a été assez leste pour éviter les horions des cawas, toujours armés d'un gourdin dont ils frappent les passants à tort et à travers.

La cour de l'habitation du kaïd était, comme les précédentes, garnie, sur deux de ses faces, de bâtiments à un étage auquel on parvenait par un escalier extérieur à rampe de bois peint et découpé à jour.

Au centre de la façade principale se trouvait une véranda couverte en étoffe de laine rayée de rouge et de noir, au-dessus et de chaque côté de laquelle s'ouvraient, sur la muraille blanchie au lait de chaux, d'étroites fenêtres closes avec un soin jaloux par des persiennes brunes percées sans la moindre symétrie.

Au rez-de-chaussée, entouré d'une galerie soutenue par des colonnes torses, reliées entre elles par des arcades ogivales, des voûtes conduisaient dans les bureaux des secrétaires, dans ceux du kadi et des fonctionnaires de tous ordres.

Nous montâmes quelques marches pour atteindre le premier étage, et, en face de nous, au fond d'une chambre fermée par une simple portière de soie, nous aperçûmes, étendu sur un divan, un vieillard, au visage souriant, aux traits réguliers, aux yeux noirs vifs et profonds, à la longue barbe blanche. Il roulait négligemment entre ses doigts potelés et soignés comme ceux d'une femme les grains d'un chapelet d'ambre gris, et paraissait prendre à cette occupation, aussi familière aux Orientaux qu'aux Américains le coupage de petits morceaux de bois, un plaisir extrême.

Dès qu'il nous vit, il se leva, vint au devant de nous lentement, tout en nous accueillant avec la réserve polie qui, chez les musulmans, est une preuve de savoir vivre et n'implique aucun sentiment de bienveillance pour ceux qui en sont l'objet. Puis il nous fit asseoir sur le divan, où il s'assit lui-même, et, après que nous eûmes épuisé toutes les formules très compliquées et très longues des salutations orientales, le café et les pipes furent apportés. Durant le moment de silence qui suivit, j'eus le loisir d'examiner le kaïd, son entourage, et même la pièce dans laquelle nous nous trouvions.

En causant avec le kaïd, le kébir, dès l'abord, l'avait piqué de parti pris. Dans nos précédentes excursions, celui-ci s'était arrangé de manière, ne voulant point humilier sa dignité de Français envers des Tunisiens, pour haut qu'ils fussent placés, en les nommant « sidi », monseigneur, à éviter les tournures de phrases dans lesquelles il lui aurait fallu employer ce vocable. Ici, le subterfuge ne lui réussit point ; et comme il appelait le kaïd « rafi », ce qui veut dire « maître » ou à peu près, Sa Seigneurie Mohamed ne put réprimer un imperceptible froncement de sourcils. Son entourage parut beaucoup plus choqué que lui et eut l'air de s'attendre à un incident sérieux ; mais le malin vieillard reprit immédiatement son attitude aimable, et comme la conversation avait lieu directement, sans interprète, il donna avec une finesse moqueuse, à chaque phrase, du « sidi » au kébir, afin de le contraindre à en agir de même envers lui. Le kébir s'exécuta de bonne grâce ; moi j'étais contrariée : le barbare avait été plus adroit et plus fort que le civilisé.

Comme le kaïd de Kaïrouan, celui de Monastir et ses courtisans étaient vêtus du haïk, de la djebba et du turban. L'odieux costume de la réforme, sous lequel les musulmans éprouvent une gêne constante, et qui leur va si mal, est abandonné, dès qu'ils rentrent chez eux, pour le vêtement national si gracieux, si élégant et qui convient bien mieux au caractère de leur visage et aux climats chauds.

La plupart des hauts fonctionnaires du kaïdat nous entouraient; nous vîmes là d'étranges physionomies, mais toutes étaient empreintes d'un sentiment de dignité que l'on ne rencontrerait peut-être point ailleurs dans une semblable réunion.

Personne n'osa prendre part à la conversation sans y être invité par le maître. En revanche, celui-ci, qui ne connaissait point l'Europe, débita sur nos contrées, particulièrement sur la France et sur Paris, de telles extravagances qu'il me fut difficile de conserver mon sérieux.

L'imagination musulmane est si féconde, que les Orientaux qui ont visité l'Europe, de retour dans leur patrie, à moins que le fanatisme ne leur cloue la bouche, font, de bonne foi, peut-être, sur nos prétendues merveilles, des récits qui, acceptés pour l'expression de la vérité, mettent plus tard dans de cruels embarras les voyageurs.

Comment amoindrir, sans souffrance pour son amour-propre national, l'effet produit par des contes dignes des *Mille et une Nuits* et auxquels le vraisemblable fait complètement défaut? Il faut se taire et ne point nier l'existence, dans notre France, de ponts suspendus en l'air au-dessus des maisons, sans points d'appui apparents; de voitures roulant avec une vitesse vertigineuse sans le secours d'aucune force motrice ; de salles de spectacle éclairées par la magie et le sortilège.

Les Tunisiens qui ont vu à Paris des féeries telles que *la Chatte blanche* et *la Biche au bois* en gardent un éternel souvenir où le merveilleux et la réalité s'allient de la façon la plus bizarre, la plus comique et la moins prévue.

J'aurais bien désiré voir le harem du seigneur Mohamed, mais il me jugea sans doute indigne de pénétrer dans ce sanctuaire. Je m'en consolai en pensant que j'en avais vu d'autres, qu'ils sont tous à peu près les mêmes, et que les femmes orientales sont généralement si stupides, si défiantes et si poseuses envers les chrétiennes, que je ne perdais pas grand'chose.

Après avoir épuisé tous les sujets de conversations possibles avec un homme tel que le kaïd, nous prîmes congé de lui. Nous nous pressâmes les mains, sans grand enthousiasme, en remettant à la Providence le soin de nous faire rencontrer sur le chemin de la vie, mais point ailleurs. Entre chrétiens et musulmans on ne se donne jamais le rendez-vous aléatoire d'outre-tombe. Ne sont-ils pas prédestinés aux félicités paradisiaques, et nous, infidèles, à la géhenne éternelle ?

Le soir arrivait, et nous regagnâmes notre demeure hospitalière.

III

Le lendemain avant le jour, nous nous remettions en route dans la direction de Dimas. Nous descendîmes la longue côte au-dessus de laquelle Monastir et ses fortifications commençaient à se dorer, à l'aube naissante, des rayons du soleil, et nous prîmes le bord de la mer, que nous devions suivre jusqu'à notre première station.

Le promontoire de Monastir, qui ferme le golfe de Hammamet, et sur lequel s'élevait jadis un temple de Dionysos, allait bientôt disparaître, la côte, en cet endroit, tournant brusquement au sud. Je me retournai pour voir l'effet de la ville par laquelle nous ne devions plus repasser; il me parut plein de grandeur et de majesté : à cette distance, avec son couronnement de châteaux et de tours, Monastir semblait une place de guerre considérable, et, en réalité, la petite ville blanche et verte, si gaie, si joyeuse, ne résisterait pas à une volée de coups de canons.

Nous eûmes à longer quelques jardins de palmiers pour arriver à Lemta, la « Leptis-Minor » des anciens, dont il ne reste que des ruines au dernier degré de décrépitude. Le sol, sur une longue étendue, a l'aspect de carrières abandonnées. On n'y retrouve pas une pierre en état de conservation. Je n'ai jamais rien vu de plus triste et de plus désolé que l'aspect de Leptis-Minor. Des Arabes ont groupé une centaine de maisons autour des ruines, sans que leur présence anime le paysage, d'une aridité sans exemple.

Au delà de Lemta, la végétation reprend ses droits, et les plages qui bordent la mer sont si basses qu'il n'existe aucune interruption entre la flore marine et la flore terrestre. Les poissons se jouent parmi les madrépores à fleur d'eau, sans fuir à l'approche de l'homme, et les amphibies minuscules, que recèle la mer, vaguent sur le rivage, auprès des oiseaux qui voltigent dans les buissons où leurs nids sont à portée des passants. Mais cette partie de la côte est peu fréquentée, encore moins habitée, et poissons, amphibies et oiseaux peuvent y prendre leurs ébats sans redouter la main destructrice des passants.

En approchant de Tebulba, grand village de 4,000 âmes, situé à un kilomètre du littoral, et où nous devions passer la nuit et la journée du lendemain, nous fîmes, dans un chemin étroit, entre deux haies de cactus impénétrables, la rencontre désagréable d'une troupe de chameaux. Or, il existe une inimitié de race à race entre le noble solipède et le quadrupède au long cou. Qu'allions-nous faire ? Déjà nos chevaux, afin d'éviter leurs ennemis, se cabraient, ruaient et menaçaient de s'élancer à travers les cactus, dont les épines produisent des piqûres cruelles et dangereuses. Un des guides s'avisa d'un expédient heureux : il nous engagea à couvrir les yeux et le nez de nos montures avec nos mouchoirs ; ne voyant plus les chameaux, ne respirant point l'odeur nauséabonde qu'ils exhalent, les chevaux s'enfoncèrent comme un coin au milieu de la troupe endiablée qui meuglait et nous lançait force coups de pied. Nous passâmes néanmoins sans accident, et nous atteignîmes peu après les splendides cultures qui entourent Tebulba.

La fertilité y est exceptionnelle ; c'est l'oasis dans tout son charme. Chaque propriété est enclose d'une élévation en terre battue, couronnée d'épaisses plantations de figuiers de Barbarie qui en font une véritable forteresse. Ces terres relevées à plusieurs mètres, ayant une pente régulière de 45 degrés, donnent aux voies de circulation l'aspect de cheminements ou chemins d'approche, comme on en pratique dans le siège des villes; cette disposition permet de parcourir à toute heure, sans redouter les ardeurs du soleil, les méandres des sentiers qui entourent les jardins, et dans lesquels il serait impossible de se retrouver sans le secours d'un guide. D'espace en espace, un rond-point également abrité, et d'une fraîcheur délicieuse, invite le voyageur au repos. C'est là que les laboureurs et les jardiniers viennent faire la sieste au moment le plus chaud du jour.

Quel que soit d'ailleurs l'abri que l'on rencontre après douze à quinze heures de marche dans cette contrée, on est disposé à le trouver charmant.

Chez les bonnes gens où nous nous arrêtâmes, l'accueil que nous reçûmes fut plus que cordial. Je ne saurais oublier la joie que parut leur causer notre présence lorsque nous pénétrâmes dans l'immense enceinte occupée par les habitations, et par les tentes sous lesquelles couchent les bestiaux.

Les hommes étaient absents ; les femmes, loin de fuir et de se voiler le visage, accoururent au devant de nous et vinrent nous baiser la main, hommage lige, que nous recevions pour la première fois en Tunisie, et trop féodal pour nos mœurs françaises ; nous le repoussâmes doucement et d'un commun accord, sans nous être concertés, à la grande stupéfaction d'Halimah, la maîtresse du logis, l'une des plus belles créatures que j'aie jamais vues.

Selon le mode de salutation en usage en Orient, la jeune femme appuya sa tête contre la poitrine du kébir ; il releva prestement de ses deux mains cette jolie tête, et, honni soit qui mal y pense, en présence de tout le personnel féminin du douar et de nos gens, il appliqua sur les deux joues d'Halimah un baiser retentissant. Elle le reçut bravement, tel qu'il était donné, sans témoigner ni surprise ni mécontentement, mais plutôt avec une gratitude pudique, et comme une politesse à laquelle elle n'avait pas le droit de s'attendre. Pour achever de faire comprendre son action, et ne donner lieu à aucun commentaire malséant, le kébir nomma immédiatement Halimah « ma sœur », appellation familière, en pays arabe, entre personnes d'un rang égal.

La cour dans laquelle nous nous trouvions avait près d'un hectare de superficie, mais elle ne renfermait que deux petites cases appuyées au mur de clôture, et si basses que l'on pouvait à peine y demeurer debout; elles ne devaient assurément servir que de dortoirs.

Les Arabes ne sauraient se passer du grand air pour la plupart des actions de la vie; aussi la cuisine, les réchauds, le four à cuire le pain, les provisions de toutes sortes, n'étaient abrités que par des tentes ouvertes, et, comme il faisait très chaud, personne que nous ne songeait à souhaiter, pour passer la nuit, un autre couvert que celui de la voûte étoilée.

Tandis que nous procédions à notre installation nocturne dans une des deux cases appropriée à notre usage, et que nous inventorions du regard son indigente nudité, Halimah, qui nous avait suivis, supposa que, redoutant les terribles scorpions noirs et les araignées venimeuses qui infestent la Byzacène et qui sont une des préoccupations constantes des habitants, nous voulions nous assurer de leur absence ; elle nous dit :

— Ne craignez rien ; c'est moi qui ai préparé cette pièce pour vous recevoir : il ne s'y trouve aucune bestiole dangereuse. Vous pouvez dormir en paix.

Elle s'éloigna après avoir posé sur le sol une lampe en terre cuite, telle que celles employées autrefois par les Romains.

Il est rare que l'on parle de la femme arabe, que l'on suppose invisible et vivant en dehors de la famille. Dans les villes, il est vrai, la femme se dissimule ; elle habite le harem, séjour malsain où le vice engendre le vice, où l'existence est aussi énervée et factice que l'atmosphère chargée des parfums capiteux que l'on y respire à des doses invraisemblables. Mais la Mauresque, qui n'abandonne le harem qu'à de rares intervalles, voilée de pied en cape pour se rendre au bain ou chez des amies, à demi cloîtrées comme elle, diffère essentiellement de la femme arabe, même de la femme noble (douaouda) et de grande tente qui est l'âme de tout et est partout. Aux champs, à la fontaine, à la recherche du bois, aux cultures des jardins, on ne rencontre que des femmes. L'homme se repose ou se réserve le soin de faire respecter la propriété, ou va vendre ses produits sur les marchés lointains. Aussi ne faut-il pas connaître les mœurs arabes pour ignorer la prépondérance du rôle de l'élément féminin. Riche, la femme gouverne et commande ; pauvre, elle travaille, et le mari, roi fainéant, dort, boit et mange, à moins que la guerre ne vienne éveiller ses instincts belliqueux; alors il se bat en lion. Mais la femme ne lui cède rien sous le rapport de la vaillance et du courage; comme intelligence, sagacité et délicatesse natives, elle lui est infiniment supérieure.

Dans les temps antéislamiques, et les vrais Arabes, les nomades, n'ont accepté certaines prescriptions du Coran que sous bénéfice d'inventaire, les femmes jouissaient d'une considération hors ligne; elles étaient fort lettrées ; les arts, la poésie, diverses sciences furent leur apanage. Beaucoup d'entre elles ont régné sur des tribus puissantes. En Orient, il n'y eut que « quatre sages » ; ce furent quatre femmes : Sohr, fille de Dokman ; Amrah, fille d'Amir ; Djoûmas, fille de Djâbir ; Hind, fille de Khouss.

Les beaux vers de plusieurs poètes féminins de l'Irac, telles que Zerkat-el-Yamanah (le Bluet de l'Yamanah), qui vivait au VIe siècle de notre ère, Hind, fille de Khouss, et bien d'autres, sont classés dans « l'arâny », le romancero arabe.

« Ce fut une femme qui, par son courage, par une noble et généreuse indignation, par une vertueuse colère, affranchit les antiques tribus des Djâdès de l'infâme droit du seigneur. Toutefois la révolution suscitée alors aboutit à la destruction des deux tribus (1).»

Cette femme se nommait Ofayrah, et voici les deux vers qu'elle composa à l'occasion de la honte infligée aux femmes et aux hommes de sa tribu :

« Est-il possible que vous supportiez ce qu'on inflige à vos filles ! Et vous êtes hommes et nombreux comme des fourmis !

» Si nous étions hommes, nous, et si vous étiez femmes, dans nos petites tentes de femmes, nous ne vous abandonnerions pas à tant d'opprobre (2). »

Aujourd'hui la femme arabe est bien déchue ; elle n'est plus poète, elle ne sait plus lire ; mais son influence persiste, surtout dans les grandes familles, où le chef même les nomme « madame » (*lela*). Leur imagination, malgré le défaut d'instruction, est toujours brillante : il n'est pas une Bédouine qui ne naisse improvisatrice.

Nous passâmes notre journée du lendemain à parcourir les jardins de Tebulba, aussi beaux que ceux de Nabel, et où nous fûmes assez surpris de trouver, outre les plantations de l'inévitable olivier, du dattier, de l'oranger, du citronnier, du cédratier, des melons, des pastèques, des vignes,

---

(1) *La Femme arabe*, par le docteur Perron.
(2) Traduction du docteur Perron.

et d'arbres fruitiers, des essais de cultures industrielles, notamment celles du lin, de l'indigo, du carthame, du henné et de la cochenille.

Dès que nous franchissions les clôtures de leurs propriétés respectives, les Arabes, hommes, femmes et enfants, venaient à nous chargés de fruits qu'ils nous offraient avec une insistance très cordiale.

Un beau grand jeune homme nous apporta des grappes de raisin, aussi lourdes et aussi attrayantes que celles de Nabel. Nous les acceptâmes en remerciant le donateur, qui refusa la légère rétribution que je lui présentais.

— Le soleil est ardent, me dit-il ; ton front ruisselle : tu dois avoir besoin de te rafraîchir, tes compagnons aussi, et je vous offre ce raisin de bon cœur pour l'amour de Dieu.

— Dieu te le rendra, répondis-je employant la formule de la plus vive gratitude en usage parmi les Arabes, je le prie d'augmenter ton bien.

C'est aussi à Tebulba que nous avons vu des pastèques mesurant plus d'un mètre de circonférence. Tebulba est le Chanaan du kaïdat de Monastir, comme Nabel est celui du golfe d'Hammamet.

En nous rendant de Tebulba à Dimas par un parcours qui n'offre aucune particularité saillante, on nous fit manger une baie délicieuse que les indigènes nomment « damouche », et que le voyageur Pélissier croit être le lotus de merveilleuse mémoire.

« L'effet de ce fruit, dont la saveur est un mélange exquis de framboise et de fraise, dit Pélissier, exerce sur l'organisme une fraîcheur vivifiante, disposant l'esprit à la gaieté, à la bienveillance, et laisse dans la mémoire de l'estomac une forte appétence pour cet aliment suave, presque aérien. Je crois fort que c'est là le véritable lotus. »

Pélissier se trompe aussi bien que ceux qui ont imaginé, on ne sait pourquoi, que le lotus est le zizyphus ou jujubier, dont la baie est tout ce qu'il y a de plus insipide. Le jujubier se rencontre d'ailleurs, assez rarement dans le pays des Lotophages, tandis, et c'est ce qui induit Pélissier en erreur, que l'arbuste à feuilles lancéolées, dont nous avons savouré le fruit agréable et frais, abonde sur la côte et dans les terres, depuis Sousse jusqu'au désert de Ben-Ghazi. La flore de l'Atlas de Desfontaines, ni le voyageur Shaw ne font mention de cet arbuste, qui n'est certainement point le lotus, puisque, d'après tous les anciens, le fruit du lotus se recueillait sur les eaux des lacs de la contrée des Lotophages ; c'était donc un arbre ou une plante aquatique, une espèce de nénuphar probablement.

En arrivant sur l'emplacement de Thapsus, j'éprouvai la même impression de désenchantement qui m'avait assaillie à Leptis-Minor.

Plus habitué que moi à ces surprises, mon compagnon demeurait impassible. Je ne vis d'abord que des débris informes : des marbres, des pierres brisés en fragments si infimes qu'il est impossible de soupçonner à quel genre de monuments on peut les restituer ; mais, en allant un peu plus loin, quand on est sur le point culminant du vaste périmètre qui fut Thapsus et aboutit à la mer, on découvre les murs de vingt-cinq citernes d'une soixantaine de mètres de longueur chacune sur deux ou trois mètres de largeur : elles ont donc la forme d'un carré long ; cette disposition, qui s'éloigne de celle adoptée pour ce genre de construction, indique que l'eau devait s'y renouveler fréquemment. La division des vingt-cinq compartiments correspondait, sans doute, à vingt-cinq quartiers de la ville.

Ces citernes étaient au niveau du sol ; leurs murailles, bien que détruites sur certains points, s'élèvent encore à quelques mètres dans la plus grande partie de leur développement. Un canal, couvert en beaucoup d'endroits, déversait les eaux dans les réservoirs, et, comme le canal est aussi au niveau du sol, on peut estimer que, malgré les déblais qui gisent dans l'intérieur des murs, l'ancien fond des citernes n'est pas à plus d'un mètre en contre-bas du fond que l'on voit aujourd'hui.

Ces constructions, comparativement les mieux conservées de Thapsus, sont, avec la jetée et les massifs de maçonnerie qui restent de l'amphithéâtre, dont le grand axe est de trente-quatre mètres et le petit de trente-deux, à un seul étage de galerie, les seuls témoignages de l'importance de cette cité où César défit si entièrement Scipion et le roi Juba.

La digue ou jetée, établie par César pour le débarquement de ses troupes, est ce qui, après plus de vingt siècles, donne aux ruines de Thapsus leur plus réel intérêt. Cette digue, reliée aux îlots que les Arabes nomment El-Djenan-el-Firan (les Jardins-des-Souris), constituait un port spacieux et commode ; elle a cent cinquante mètres de longueur sur dix à douze de largeur, et pouvait abriter sûrement les navires du conquérant. Construite en béton, tel que les Romains savaient le faire, la jetée doit son état de conservation aux ouvertures ménagées, sur deux étages, dans le sens vertical pour rompre les vagues pendant les gros temps et en diminuer la violence en leur donnant une issue.

Aujourd'hui tout s'est modifié ; la forme même du rivage a subi des dépressions. Une seule des deux îles est encore enveloppée par les flots ; mais sur ce coin de terre si paisible, si peu visité, silencieux comme une tombe, il est facile à l'esprit le moins rêveur de reconstituer le passé, de repeupler Thapsus des légions victorieuses de César. L'imagination peut, sans effort, se rendre compte de la marche stratégique du grand capitaine dans sa dernière campagne contre Pompée. Cette guerre, qui se termina par le suicide de Caton à Utique, causa parmi les Romains plus de morts illustres, on se le rappelle, que la prise de Carthage.

Quelques familles arabes se sont établies actuellement dans les abris voûtés des ruines de Thapsus : cette petite population, éloignée des sentiers qui conduisent aux villes commerçantes de la côte, les anciennes Emporia, s'harmonise par son indigence avec les débris parmi lesquels elle naît, vit, ou plutôt végète et meurt, sans se préoccuper des souvenirs du passé et sans soupçonner l'existence plus agitée que l'on mène dans d'autres parties du monde. Puisse le bruit de nos canons ne point la troubler bientôt !

Nous voici au Mahédia, « Turris Hannibalis », château ou tour d'Hannibal : quel nom et quels souvenirs ! Il se réfugia là, le grand homme vaincu, en quittant Carthage, et il s'en échappa pour fuir en Orient.

« Turris Hannibalis » se nomme maintenant Mahédia ; c'est un petit promontoire, sur lequel est située une jolie ville arabe de neuf à dix mille âmes. On appelle aussi Mahédia « Africa ». Elle a une demi-douzaine de mosquées, qui n'ont rien de remarquable ; elle est très serrée, très homogène, et ressemble à toutes les autres villes du littoral, que l'on se lasse de décrire, tant elles ont de similitudes. Les remparts de celle-ci sont en ruines ;

cependant elle a un fort en assez bon état. Elle possède, comme vestiges d'antiquités, d'assez belles citernes et un ancien port creusé dans le roc, communiquant avec la mer par un chenal ensablé qui a au moins six à sept brasses de profondeur, et qu'il serait facile de rétablir; mais dans la régence on ne rétablit jamais rien.

Le califat ou gouverneur de la ville est placé sous les ordres du kaïd de Monastir.

L'aspect de la ville est séduisant, mais, à part les légumes et les fruits de ses jardins, elle est totalement dépourvue de ressources. La population y est très belle.

La fondation ou plutôt la réédification de Mahédia remonte à l'année 300 de l'hégire, sous l'imanat d'El-Madhi, second iman de la dynastie des Fatimites, auquel elle doit son nom. En 1147, elle fut prise par les Génois et reprise par les musulmans. Le duc de Bourbon chercha à s'en emparer en 1390, et échoua dans cette entreprise. En 1551, les Espagnols prirent Mahédia, la gardèrent peu de temps et la démantelèrent avant de l'évacuer. Son histoire est à peu près celle de toutes les villes de la côte ; mais ce qui la rend intéressante et à jamais illustre, c'est pour moi, du moins, dont Hannibal est le héros préféré, le séjour de ce grand Carthaginois.

Nous aurions voulu, avant de quitter la côte d'Afrique, visiter encore le kaïdat de Sfax, les îles Kerkenat, le lac Tritonis dans l'intérieur; le littoral de la Tripolitaine, les Syrtes, et enfin Tripoli, où nous aurions pu nous embarquer pour Malte ; mais nous avions éprouvé de grandes fatigues, — j'étais malade, — et de nombreuses déceptions dans nos recherches archéologiques, dont nous espérions d'autres résultats. Ceux-ci se traduisirent par l'enlèvement de trois colonnes de marbre, l'envoi au musée du Louvre d'un chapiteau assez remarquable et d'une fort belle tête de statue en marbre blanc, plus grande que nature, d'un style pur et dans un état parfait de conservation, à l'exception du nez brisé, mais d'une réparation facile.

Nous avions découvert dans les environs de Sousse une statue d'impératrice romaine, du bon temps de l'art antique ; malgré l'interdiction, nous étions parvenus à nous en emparer, moyennant une somme relativement modique, et nous voyions déjà notre trouvaille figurant au Louvre avec honneur. Le kébir écrivit, à Tunis, à qui de droit, afin d'obtenir l'autorisation directe du Bardo pour enlever notre statue. La lettre demeura sans réponse. Mais des Anglais plus heureux et plus influents, qui s'acharnaient à nous dépister, nous ravirent notre statue, sans qu'il nous fût possible de protester. Elle fut enlevée par leurs soins, non sans dommage, car, dans le trajet qu'on lui fit faire, en la traînant, à l'aide de cordes, du point où nous l'avions découverte jusqu'au lieu de l'embarquement, d'où elle fut expédiée en Angleterre, elle eut un bras entièrement rompu.

Une balancelle venant de Sfax et se rendant à Tunis relâcha à Mahédia pendant que nous y étions; nous prîmes passage à son bord, et nous revîmes de la mer les divers points que nous venions de parcourir. En arrivant à la Goulette, nous y trouvâmes le paquebot des Messageries en partance pour Marseille, et, sans toucher terre, nous nous y transbordâmes ; huit jours après, nous débarquions dans la cité phocéenne.

FIN.

TABLE

Paris, Imp. TOLMER et Cie. — Succursale à Poitiers — 11112

www.ingramcontent.com/pod-product-compliance
Ingram Content Group UK Ltd.
Pitfield, Milton Keynes, MK11 3LW, UK
UKHW020313230726
13925UKWH00002B/385